묵주알을 찾아서

묵주알을 찾아서

2021년 6월 18일 교회인가
2021년 8월 25일 1판 1쇄 발행
2022년 1월 20일 1판 2쇄 발행

지은이 | 스테파니 엥글먼
옮긴이 | 양의현
펴낸이 | 이순규
펴낸곳 | 바오로딸

01166 서울 강북구 오현로7길 34
등록 | 제7-5호 1964년 10월 15일
전화 | 02) 944-0800 팩스 | 987-5275

취급처 | 중앙보급소
전화 | 02) 984-3611 팩스 | 984-3612
ⓒ 바오로딸 · 2021 FSP 1551

값 18,000원

이메일 | edit@pauline.or.kr
인터넷 서점 | www.pauline.or.kr 02) 944-0944
ISBN 978-89-331-1423-0 43230

A single bead
ⓒ 2016, Stephanie Engelman
Published by Pauline Books & Media,
50 St. Paul's Avenue, Boston, MA 02130.
All rights reserved

Korean translation copyright ⓒ 2021 by Pauline, Seoul

묵주알을 찾아서

스테파니 엥글먼 지음 | 양의현 옮김

바오로딸

차례

- 007 • 외할머니가 탄 비행기가 추락했다
- 015 • 마음에 커다란 구멍이 생긴 것 같다
- 025 • 비밀 계획을 세웠다
- 051 • 장미 향기가 나는 구슬
- 060 • 어쩌면 이 일이 엄마에게 도움이 될지도 몰라
- 073 • 잃어버린 묵주알을 찾아서
- 094 • 또 하나의 묵주알을 찾았다
- 107 • 엄마의 묵주알을 찾으러 가야 한다
- 127 • 이모와 성당에
- 143 • 전화를 기다리며

- 155 • 엄마가 아프다
- 175 • 묵주기도는 힘이 있다
- 195 • 새로운 소식
- 209 • 아름다운 여인
- 220 • 집에 엄마가 없다
- 237 • 엄마의 묵주알
- 251 • 지푸라기라도 잡고 싶은 심정이다
- 261 • 하느님은 정말 놀라운 분 같다
- 268 • 새로 태어난 우리
- 296 • 질문과 토론

외할머니가 탄 비행기가 추락했다

 빈 들판에 모인 친척들을 둘러보느라 발을 움직일 때마다 진흙에 신발이 들러붙었다. 누가 아무 말이라도 했으면 좋겠다. 외할머니와의 좋은 추억이든지, 외할머니가 그립다든지, 외할머니가 들려준 재밌는 이야기든지 뭐든 좋다. 아니면 외할머니가 더 좋은 곳에 계실 거라는 말이라도…. 하지만 다들 말없이 서서 막연히 무언가를 기다리고 있다.
 바로 몇 분 전까지 소나기가 한바탕 퍼붓더니 먹구름 사이로 해가 고개를 내민다. 소나기가 그쳐서 다행이다. 그렇지 않았다면 외할머니를 추모하기 위해서 억수 같은 비도 감수해야 한다고 메리 엘렌 이모가 고집을 부렸을 것이다. 이 자리에 있는 것만으로도 힘이 드는데, 쌀쌀한 초봄에 비

까지 맞는다면 울적한 기분이 더 가라앉을 것 같다.

신부님인 요셉 외삼촌이 헛기침을 하자 풀 먹인 로만칼라 위로 목젖이 꿈틀 움직인다. 누가 먼저 입을 열지 내기라도 할걸 그랬다. 나는 요셉 외삼촌이 가장 먼저 말을 꺼낼 줄 알고 있었으니 말이다. 엄마는 울음을 참기 위해 입을 굳게 다물고 얼굴을 찡그린 채 주먹으로 입술을 누르고 있다. 어느 정도 익숙해졌다고 생각했는데…. 아직은 이런 엄마가 낯설다. 나는 늘 엄마가 강하다고 생각했다. 엄마는 모든 것을 잘하고 모든 것을 알기에 내가 기댈 수 있는 사람이라고 생각했다. 그런데 외할머니가 돌아가시고 나서, 엄마는 약해지고 방황하고 자신을 잃고 말았다. 엄마가 돌아가시면 나도 그럴까? 언젠가 그 답을 알게 될 때가 오겠지?

요셉 외삼촌이 친척들을 둘러보며 이야기를 시작했다.

"엄마는 우리가 여기에 모인 것을 보고 무척 기뻐하실 거야. 내가 고등학교 때, 바로 케이트와 에블린 나이였을 때가 기억나네."

외삼촌은 나와 내 옆에 서있는 외사촌 에블린을 향해 빙그레 웃어 보이고는 오랜 추억을 꺼낸다.

"내가 매튜 형 기타를 치면서 신나게 노래 부르는 걸 형이 봤지. 기타 줄까지 끊어먹은 채로 말이야. 형은 너무 화가 나서, 내 여자 친구한테 그때 일을 말하겠다고 협박을…."

그때, 매튜 외삼촌이 팔꿈치로 요셉 외삼촌의 옆구리를 툭 치자, 요셉 외삼촌이 얼른 말을 돌린다.

"암튼 우리가 서로 주먹을 날리면서 바닥을 뒹굴고 있었는데 그때 엄마가 오셨지. 하지만 결코 소리를 높이지는 않으셨어. 팔짱을 낀 채 헛기침만 하셨지. 사실 그런 일이 처음은 아니었어. 엄마는 허리에 손을 얹고 기다리셨다가 우리가 다툼을 멈추자 말씀하셨어. '얘들아, 너희들은 살면서 맘이 맞지 않는 사람을 수없이 만날 텐데… 그것이 삶의 일부니까…. 하지만 너희 두 사람….'"

요셉 외삼촌이 손가락으로 허공을 찌르며 외할머니 흉내를 낸다.

"너희는 형제고 가족이야."

"엄마는 우리에게 선택의 여지가 없음을 말해주셨어. 더는 할 말이 없을 만큼 빨리 그것을 깨달아야 한다는 것을 분명하게 알려주려고 하셨지. 엄마 말이 맞았어. 어느 날 우리는 서로 사랑하고 있다는 걸 깨닫게 되었고, 그 뒤로 엄청 친해졌어. 엄마가 항상 우리에게 했던 말처럼 말이야. '가족끼리 사랑하지 못한다면….'"

그때 매튜 외삼촌이 끼어들어 두 분이 합창한다.

"누구도 사랑할 수 없지."

가족들의 잔잔한 웃음소리가 들판에 퍼져나가고 분위기

는 한결 가벼워졌다. 엄마의 오빠이자 에블린의 아빠인 데이비드 외삼촌이 엄마의 어깨를 감싸 안자, 한 번도 웃지 않던 엄마가 살짝 웃는다. 외삼촌에게 반응하는 엄마를 보면서 공연히 질투가 나는 걸 참았다.

우리는 외할머니와의 추억을 나누기 시작했다. 요리하는 걸 참 좋아하셨으나 자주 요리법을 잊은 일, 정원 가꾸는 걸 좋아하셔서 늘 정원을 멋지게 꾸며놓은 일, 지하실 문틈으로 들어온 뱀을 보고 기겁하며 소스라치게 놀라신 일, 마치 동시에 여러 곳에 있는 것처럼 손자 손녀들과 놀아주신 일, 아프신 외할아버지를 정성껏 돌보시고 마지막 날까지 외할아버지 청바지를 다려놓은 일 등. 말이 나왔으니 말이지 청바지를 다려 입는 사람을 보았는가? 우리 외할머니는 그런 분이다. 정말 멋진 분이셨다.

그런데 아무도 꺼내지 않는 이야기가 있다. 바로 1년 전 오늘, 햇살이 화창한 아침에 외할머니가 탄 비행기가 추락한 일이다. 외할머니가 리즈 이모를 만나러 콜로라도로 가는 길이었다는 것, 뉴스를 들으면서도 그 비행기에 외할머니가 탄 사실을 아무도 몰랐다는 것, 외할머니가 돌아가신 것을 확인하기까지 몇 시간을 기다려야 했다는 것을 누구도 언급하지 않는다. '아, 여기가 그 들판이구나. 이곳에 비행기가 떨어졌지. 외할머니를 떠나보낸 곳이 바로 이곳이지!'

묵주알을 찾아서

라는 말을 아무도 하지 않는다.

　방 안에 코끼리가 있는 듯, 아니 이 들판에 코끼리가 있는 것처럼 불편한 진실을 나라도 말해야 할 것 같다. 결국 그것이 우리가 모인 이유 아닌가. 그런데 그동안 너무 많이 울었으니 이제는 모두 행복해지기를 바라는 것 같다.

　저만치 떨어진 곳에 또 한 가족이 있다. 우리와 같은 이유로 모였을 그들은 누구를 잃었을까? 할머니일까? 할아버지일까? 아님 두 분 모두일까? 어쩌면 나와 같은 십 대 아이 일지도 모른다. 등골이 오싹해진다. 출장이나 휴가를 가는 중에, 또는 집으로 돌아가는 길에, 한순간에 모든 것이 끝나버린 것이다. 저 가족도 그다음 단계로 넘어가려고… 다시 행복해지려고 노력하는 걸까? 그게 가능할까?

　요셉 외삼촌은 외할머니가 원하실 거라고 하면서 묵주기도를 시작한다. 외삼촌 말이 맞을 수도 있지만 묵주기도를 그렇게 열심히 하던 외할머니가 지금 어떻게 됐는가!

　나는 그 자리를 벗어나려고 목적 없이 땅만 보고 걸었다. 걷다가 걸음을 멈추고 들판 한쪽에 있는 숲을 바라보다 걸음을 옮겼다. 질척거리는 땅에 들러붙는 신발을 떼며 숲을 향해 걸었다. 마치 무언가에 홀린 것처럼 그곳으로 가야 할 것만 같다.

　등 뒤로 요셉 외삼촌의 기도 소리가 아련히 들려온다.

"은총이 가득하신 마리아님….."

나머지 사람들이 이어서 기도한다.

"천주의 성모 마리아님, 이제와 저희 죽을 때에 저희 죄인을 위하여 빌어주소서."

정말 그랬을까? 외할머니가 돌아가실 때, 정말 성모님이 기도해 주셨을까? 그랬으면 좋겠다. 외할머니가 돌아가신 순간은 생각하기 싫지만, 그 순간 외할머니는 할 수 있는 기도를 모두 하셨을 거다. 나는 보이지 않는 힘에 이끌려 계속 숲을 향해 걸어갔다.

숲 안은 진흙이 아니다. 곳곳에 야생화가 피어있다. 바람이 후드득 나뭇잎을 훑고 지나가자 빗방울이 얼굴을 스치며 떨어졌다. 소매 끝을 당겨 젖은 뺨을 닦으려는 순간, 몸이 멈칫했다. 발밑에 있는 보랏빛 꽃잎 사이에 무언가가 반짝인다. 허리를 굽혀 꽃잎을 살짝 밀쳐보았다. 구슬이다! 작은 은빛 구슬에 시선이 닿는 순간, 심장이 뛰었다.

작은 단서라도 찾기 위해 경찰들이 온 들판을 샅샅이 헤쳤는데 어떻게 이 구슬을 발견하지 못했지?

숨을 쉴 수 없다. 눈물이 시야를 가려서 자세히 보려고 눈물을 닦았다.

내가 직접 만져봐야 한다. 세 면에 새겨진 글자의 골과 나머지 한 면에 십자 표시가 있는지 봐야 해. 그저 평범한

액세서리 조각일까? 아니야, 외할머니 묵주의 묵주알이야. 평범한 구슬이 아니라 내 묵주알이야. K M R(Kathelyn Marie Roberts). 바로 나잖아. 나 말고 누구겠어!

몸이 떨려 그 자리에서 무릎을 꿇었다. 울음소리가 나오기도 전에 내 안 깊은 곳에서 이미 흐느끼고 있다.

'그럴 리 없어. 그럴 리 없어. 그건, 그저….'

젖은 풀밭에 무릎을 꿇은 채 있었다. 놀란 데다 이해할 수 없어 울음이 멈추질 않는다.

얼마나 시간이 흘렀을까. 아빠는 나 혼자 숲속에 있는 게 이상했나 보다. 멀리서 목소리가 들리는 것 같더니 금세 어깨 위로 아빠의 손길이 느껴진다. 내 어깨에 부드럽게 힘을 주며 아빠가 물었다.

"케이트, 괜찮니?"

묵주알을 쥔 손을 급히 오므리고 소매로 눈물을 닦았다.

아빠를 올려다보며 괜찮은 척했다. 물론 아빠는 내 상태를 알았겠지만 오늘은 그럴 만하다고 생각할 것이다.

축축한 땅 위에 무릎을 펴고 앉아 들판에 있는 사람들을 멍하니 보았다. 물기가 치마 안까지 스며들었지만 상관없다. 아빠가 재킷을 펼쳐주어 그 위에 아빠와 나란히 앉았다. 아빠가 내 어깨를 감싸준다. 묵주기도 소리가 젖은 땅을 가로질러 들려온다.

묵주기도가 끝나자 메리 엘렌 이모가 땅에 하얀 십자가를 놓고 몇 분이 그 주변에 꽃을 놓았다. 그러고는 모두 자가용을 주차해 놓은 곳을 향해 갔다. 엄마는 우리가 있는 쪽을 바라보기만 하고 오려고 하지 않는다. 진흙 때문에 신발이 엉망이 될까 봐 그럴 것이다. 물론 엉망인 내 감정에도 개입하고 싶지 않을 것이다.

아빠는 엄마에게 별일 없다고 소리치고는 일어날 생각을 하지 않는다. 나는 묵주알을 슬쩍 주머니에 넣고 울음을 멈추며 일어섰다.

아빠에게는 아무 말도 하지 않았다. 이유는 모르지만 나만의 작은 비밀처럼 느껴진다. 외할머니가 나를 위해, 나에게만 남겨준 무언가가 있을지 모른다.

어쩌면 나중에 아빠에게 말할 수도 있고, 말하지 않을 수도 있다.

마음에 커다란 구멍이 생긴 것 같다

아빠와 자가용 가까이 와보니 동생들은 이미 뒷좌석에 앉아있다. 폴은 책에다 코를 박고 있고, 헤드폰을 낀 그웬은 눈을 감고 머리를 흔들며 음악을 듣고 있다. 엄마는 입을 꾹 다문 채 팔짱을 끼고 차 옆에 서서 발을 구르고 있다.

"다들 식당으로 떠났다고!"

엄마의 목소리가 화가 난 듯 날카롭다.

"케이트, 트렁크에 가서 깔고 앉을 수건 가져와. 차를 엉망으로 만들지 말고, 신발에 묻은 진흙도 털고."

엄마가 내 젖은 치마를 못마땅하게 쳐다보며 말했다.

아빠가 엄마를 힐끗 쳐다보자, 엄마가 트렁크 쪽으로 나를 따라왔다. 엄마는 애써 미소 지으려고 하지만 눈가가 굳어 있다. 엄마의 녹색 눈동자에서는 여전히 짜증스러운 불똥이 튀고 있다.

"케이트, 지금은 모두 힘들지만 시간이 지나면 나아질 거야."

마치 엄마 자신에게 하는 말 같다.

엄마한테 이렇게 말하고 싶다.

'아, 그래? 그래서 엄마는 그렇게 망가진 거야? 나아진다고? 그래서 엄마는 나와 함께하는 시간이 전혀 없고, 내가 어떻게 지내는지, 학교에서 좋아하는 친구는 생겼는지 궁금하지도 않은 거야? 더 나아질 거라서?'

나는 엄마의 말을 믿지 않는다. 외할머니가 돌아가시고 내 마음에 커다란 구멍이 생긴 것 같다. 1년이 지났는데도 엄마의 마음에 생긴 구멍도 작아지지 않은 것이 분명하다. 아니, 더 커지고 있는 것 같다.

엄마를 향해 억지로 웃느라 입술이 파르르 떨리기까지 했다. '네, 엄마, 알고 있어요. 모두 잘될 거야'라고 단순하게 말하며 바르게 행동하고 싶어도 말이 목에 걸려 나오질 않는다. 엄마가 발뒤꿈치를 들고 조심스레 조수석을 향해 걸어간다. 엄마의 뒷모습을 바라보면서, 엄마가 예전의 모습으로 돌아와 주길 간절히 바랐다.

아빠가 어색한 침묵을 깨기 위해 대화를 시도했다. 여전히 폴은 독서에 빠져있고 그웬은 음악을 듣고 있다. 엄마와 나는 시선을 창밖에 두고 있다. 결국 아빠는 라디오를 크게 틀어놓고 음악에 맞추어 허밍을 한다. 좀 낫다. 그제야 나는 좌석에 등을 깊이 기대고 슬그머니 주머니에 손을 넣어 묵주알이 잘 있는지 확인했다.

댄빌이라는 작은 마을의 중심가에 들어섰다. 괜히 주위를 둘러보는 척했지만 오래된 건물 따위엔 관심 없다. 아빠는 〈오월의 딸기〉라는 레스토랑 이름이 붙어있는 구형 경찰차 뒤에 주차하고, 어벙한 경찰이 주인공인 1960년대 연속극을 재현한 것이라고 설명하며 크게 웃었으나 관심 없다. 나의 관심은 온통 주머니에서 따뜻해진 묵주알 뿐이다. 아빠가 레스토랑 문을 열며 숨을 깊이 들이 마신다.

"음… 닭튀김 냄새."

아빠가 배가 고픈 듯 배를 문지르며 웃는다. 우리는 말없이 예약해 놓은 이층을 향해 올라갔다.

나는 에블린 옆자리에 앉았다.

"어서 와."

에블린이 살짝 웃으며 맞아준다.

나는 "응" 하고 대꾸하면서도 주머니에 손을 넣어 묵주알을 만지작거렸다. 에블린에게 비밀인 게 마음에 걸린다. 나는 거의 모든 것을 에블린에게 말하지만 이것만은 아직 말할 준비가 되지 않았다.

뭐라고 말하겠어? 어떻게 말할까? 내가 미쳤다고 생각하지 않을까? 어쩌면 우연일지도 모르고, 나는 그저 아무것도 아닌 일에 열을 낸 건지도 모른다. K M R이라고 새겨진 구슬을 가지고 있던 누군가가 그 숲에서 잃어버렸는지도 모르지. 맞다. 그런 걸 누구에게 말하겠는가?

종업원이 긴장하며 우리에게 오는 것을 보면서 좀 안됐다는 생각이 들었다. 나라도 우리 일행을 보면 진땀이 날 것 같다. 거의 삼십 명이나 되는 사람들 가운데, 아이들도 한 그룹 있는 데다가, 대부분이 울어서 눈이 충혈되고 통통 부어있다. 나는 콜라를 주문하고 나서 치즈버거와 감자튀김 말고도 다른 것을 주문할 것처럼 메뉴판에 머리를 박았다. 지금은 누구와도 말할 기분이 아니다.

메뉴를 정한 외사촌들이 떠들기 시작한다. 다들 사라지고 혼자 있다면 정말 좋겠다.

마음이 불편해서일까? 시간이 더디 간다. 영원이라고 느껴질 만큼 한참이 지나서야 주문한 음료수가 나오고 종업원이 식사 주문을 받았다. 종업원이 가고 나서 주변을 둘러보았다. 평소와 다름없이 나는 외사촌들이 모여 앉은 식탁에 갇혀있다. 내 맞은편에는 열여덟 살이 된 에블린 오빠 딜런이, 오른편에는 에블린 여동생 아바가 있다. 아바 옆에는 내

여동생 그웬이 있는데, 둘 다 열세 살이고 나와 에블린처럼 가장 친한 친구다. 딜런 오빠 왼쪽에는 엘렌 이모의 큰아들인 열네 살 토마스가 있고, 옆에는 열두 살인 그의 동생 아이삭이 있다. 아이삭은 자기 우상인 딜런 오빠의 말을 놓치지 않기 위해 토마스를 감싸듯이 하고 앉아있다. 그리고 열 살인 내 남동생 폴과 엘렌 이모의 넷째인 다니엘이 식탁 끝쪽에 함께 앉아있고, 엘렌 이모의 막내딸 마리아가 내 오른편에 앉아서 컬러링북에 색칠하느라 바쁘다.

외사촌들은 모두 비행기 추락 사고 현장이라는 기이한 장소에 있었다는 것을 잊은 듯 떠들고 있다. 나는 대화에 낄 수 없다. 아직 떨리기도 하고 조금만 건드려도 울음이 나올 것 같다. 에블린에게 무슨 말이라도 한다면 금방 나의 상태를 알아채고 이것저것 물을 것이다.

에블린에게 화장실에 가서 젖은 치마를 말리겠다고 웅얼거리고 나서 곧바로 계단을 내려갔다. 잠시라도 혼자 있고 싶다.

화장실 문을 잠그고 세면대에 손을 짚고 서서 거울에 비친 내 모습을 유심히 보았다. 마치 거울 속의 내가 답을 알고 있다는 듯이….

숲으로 나를 이끈 것이 무엇일까? 그 넓은 들판에서 경찰도 발견하지 못한 작은 묵주알을 어떻게 내가 발견할 수 있었던 걸까? 내 묵주알이라는 것도 우연일까? 그 이상의 의미가 있을까? 외할머니가 어떤 방법으로든 무언가를 말씀하시려는 걸까? 그렇다면 무슨 말일까?

거울은 대답이 없다. 나는 손을 말리는 건조기 쪽으로 갔다. 버튼을 계속 누르고 있지 않으면 건조기에서 바람이 나오지 않는다. 할 수 없이 등을 돌리고 서서, 왼손으로 건조기 버튼을 누르고 오른손으로는 치마를 살짝 들어 올려 바람을 쏘였다. 다행이 일인용 화장실이라 다른 사람이 갑자기 들어올 염려는 없다. 5분쯤 지나니 치마가 어느 정도 말랐다. 손을 씻고 얼굴에 살짝 물을 튕기고 나서 밖으로 나왔다.

내가 있던 자리로 돌아가려면 작은 선물 가게를 지나야 한다. 사람들과 함께 있고 싶지 않아서 선물 가게에 들어가 티셔츠며 커피 잔, 소품 등을 둘러보는 척했다. 그러다 문득 묵주알이 잘 있는지 궁금해졌다. 나는 묵주알을 꺼내 손바닥에 놓고 이리저리 굴리며 유심히 살펴보았다. 묵주알에 새겨진 K 사이에 때가 끼어있어 손톱으로 벗기려고 빛이 밝은 창가로 갔다.

묵주알에 집중하느라 작은 기침 소리가 들릴 때까지 누군가가 내 쪽으로 오는 것도 모르고 있었다. 바로 몇 걸음 떨어진 곳에 한 아이가 서있는 것을 보고, 얼른 묵주알을 주머니에 넣었다. 그 아이는 흘러내린 머리를 귀 뒤로 넘기며 흥미로운 듯 나를 보고 있다.

"뭐 필요한 거 있니?"

그 아이가 내게 물었다. 대충 뒤로 묶은 금발에 열여덟 살쯤으로 보이는 그 아이는 유니폼인 검은 바지에 밤색 티셔츠를 입고 있다.

"음, 아니. 그저 구경하는 중이었어."

"그래. 저… 내 이름은 첼시야. 만일 뭐 필요한 게 있으면…."

첼시가 어깨를 한번 으쓱하고 다른 쪽으로 가는가 싶더니 나에게 다시 왔다.

"너도 위층 손님들과 일행이니?"

"응, 우리 친척들이야."

첼시의 눈이 커진다.

"와, 대가족이구나! 친척들이 이렇게 자주 모이니?"

"글쎄, 전에는 크리스마스나 추수감사절, 부활절 뭐 그런 날에 모였는데 지금은…."

나는 침을 한번 꿀꺽 삼키고 눈을 껌뻑거렸다. 모르는 사람 앞에서 정말 울고 싶지 않다.

"이번엔 좀 달라."

"아, 누구 생일이거나 뭐 그런 거?"

입가에 씁쓸한 웃음이 번진다.

"생일이 아니라 1년 전에 외할머니가 비행기를 타셨는데, 그 비행기가 바로…."

말이 목에 걸려 나오질 않는다.

첼시가 급히 손을 입으로 가져가더니, 빛나는 눈이 커지면서 금세 동정심으로 가득 찼다.

"어머나, 미안해. 어떻게 그런 끔찍한 일이…."

"응, 저기… 시간이 걸리겠지만 나아지겠지."

나는 어깨를 으쓱하며 마음과 다른 말을 했다.

첼시가 화제를 바꾸기 위해 애를 쓰는 듯하다.

"어, 그러니까 너는… 이 근처에 사니?"

"여기서 한 45분 정도 걸리는 인디라는 곳에 살아. 이곳에는 처음 온 거야."

"그렇구나, 잘 왔어…. 아니, 내 말은 그게 아니라…."

나는 첼시를 도와주어야겠다고 생각하면서 주변을 둘러보는 척했다.

"멋진 가게에서 일하는구나."

별로 수긍하고 싶지 않은 듯, 첼시가 눈을 굴리며 말했다.

"그렇게 생각하니? 맞아. 만일 옛날 연속극에 푹 빠져있다면 말이지."

살짝 웃던 첼시가 약간 긴장한 듯 주변을 살펴본다.

"암튼, 뭐든 필요하면 말해."

첼시가 계산대 쪽을 향해 가다가 걸음을 멈추더니 다시 나를 돌아보며 말했다.

"뭐 좀 물어봐도 돼?"

별로 대답해 주고 싶지 않지만 대꾸했다.

"뭔데?"

"좀 전에 네가 들여다보고 있던 거 말이야. 네 손바닥에 있던 게 뭐니?"

주머니에 손을 넣고 묵주알을 감싸 쥐었다. 따듯하다. 생각할 겨를도 없이 묵주알을 꺼내 손바닥에 놓고 첼시에게 보여주었다. 에블린이나 아빠에게도 말하지 않은 것을 모르는 사람에게 보여주는 내가 이해되지 않지만 갑자기 말이 터져 나왔다.

"이건 묵주알이야. 왜 있잖아, 기도하는…. 우리 외할머니는 외할아버지가 만들어 준 특별한 묵주를 가지고 계셨어. 묵주알 하나하나에 자녀들 이름의 이니셜을 새겨넣었지. 그리고 자녀들이 결혼하면 배우자 이름을 새겨넣고, 자녀를 낳으면 아이들 이름을 새겨넣었어. 이렇게 우리 가족은 각자의 이니셜이 새겨진 묵주알을 갖게 된 거야. 외할머니는 그 묵주로 우리를 위해서 날마다 기도하셨어."

"와, 정말 특별하구나."

나는 잠시 멈추었다가 조용히 말을 이었다.

"오늘 들판에서 추모식을 하다가 이걸 발견했어. 그런데 이건 내 묵주알이야."

다시 손바닥에 있는 은빛 묵주알을 한참 들여다보고 나서 고개를 들었다.

묵주알을 보고 있던 첼시의 얼굴이 백지장처럼 하얘지면서 커다란 갈색 눈동자가 더욱 커졌다. 오랫동안 미동도 없던 첼시가 서서히 나를 보면서 무슨 말인가를 하려고 하는데 적당한 말을 찾지 못한 듯했다. 입을 벌린 채 턱만 조금씩 움직였다. 다리가 후들거리는지 손을 뻗쳐 가까이에 있는 계산대를 잡았다.

마침내 첼시가 숨을 크게 들이마시고는 내 눈을 똑바로 바라보며 말했다.

"그것과 똑같은 것을 내가 발견했어. 그런데 거기엔 E M L이라고 새겨져 있었고, 나는 그것을 내 친구 엠마에게 줬어."

첼시가 내 손에 있는 묵주알을 들여다본다.

"엠마 마리 로리Emma Marie Lowry. E M L 내 친구 이니셜이었어."

그리고 놀란 눈으로 다시 내 눈을 똑바로 보며 말했다.

"엠마는 그 구슬이 자기 생명을 구했다고 생각해."

비밀 계획을 세웠다

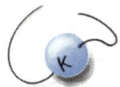

첼시와 나는 마주보고 한참 동안 말없이 서있었다. 앉을 만한 자리를 찾기 위해 급히 주변을 둘러보았다. 좁긴 하지만 나를 지탱해 줄 만한 창틀에, 묵주알을 쥔 손으로 가슴을 누르며 떨려오는 몸을 기댔다.

그때, 가게 왼쪽 계단에서 인기척이 났다. 엄마가 계단 모퉁이를 돌아 멈춰서는 것이 보여, 나는 자리에서 벌떡 일어섰다.

"케이트, 여기 있었구나. 음식 나왔어."

첼시와 내 시선이 동시에 엄마에게 향하자, 엄마가 하려던 말을 멈추었다.

"케이트, 무슨 일이야? 뭘 하고 있었던 거야?"

엄마가 다그치듯 내게 물었다.

"아무것도 아니야. 난 그저… 선물 가게를 둘러보고 있었어."

평상시와 다름없이 대답하고 나서 몇 분이라도 더 머무를 구실을 찾기 위해 얼른 가게를 둘러보았다.

"음, 이 커피 잔에 대해 물어보려던 참이었는데 조금만 더 있다 올라가도 되죠?"

엄마의 입술 끝이 일그러지면서 턱이 굳는다.

"케이트, 지금처럼 중요한 때는 가족들과 함께 있어야 하는 거야. 혼자서 선물 가게나 돌아다닐 때가 아니잖니. 어서 와서 식사해."

더 무슨 말을 하겠는가? 엄마 말이 맞다. 이럴 때가 아닌 것은 나도 안다. 어쩔 수 없이 첼시에게 짧은 눈길을 주고는 엄마를 따라 위층으로 올라갔다.

가족들은 음식을 먹느라 비교적 조용했다. 에블린이 흘 깃 나를 쳐다보더니 다시 식사를 한다. 내가 자리를 비운 것에 화가 좀 난 것 같다. 힘없이 치즈버거와 감자튀김을 바라보았다. 식욕이 달아난 지 이미 오래다. 나는 콜라를 마시며 에블린에게 어떻게 설명해야 할지 고민했다. 도무지 생각이 떠오르지 않는다.

"미안해. 나중에 설명해 줄게."

에블린에게 속삭이고 나서 식어버린 치즈버거를 한 입 먹었다.

외사촌들과 눈을 마주치지 않으려고 음식에 시선을 고정한 채, 첼시가 한 말을 계속 생각했다. E M L이라…. 그건 리즈 이모의 묵주알이다. E는 엘리자베스의 이니셜이다. 그런데 엠마라는 아이가 그 묵주알이 자기 생명을 구했다고 생각한다고? 어떻게 그럴 수 있지? 많은 의문이 밀려든다. 첼시는 묵주알을 어디서 주웠을까? 언제 주웠지? 우연 치고는 너무 이상하지 않은가? 다시 선물 가게로 뛰어가고 싶다. 묵주알과 엠마에 대해, 그리고 어떻게 그것이 그 아이를 살렸다는 건지 모든 걸 알고 싶어 미칠 지경이다. 하지만 나를 지켜보는 엄마의 시선이 따갑다. 슬쩍 엄마를 쳐다보기만 해도, 내가 오랫동안 자리를 비운 것에 대해 단단히 화가 나있는 것을 알 수 있다.

에블린에게 간단히 설명하려다가 갑자기 그동안 있었던 일을 모두 말해버리고 싶은 충동을 느꼈다. 온 가족이 묵주기도를 하는 동안 숲으로 이끌려 간 것이며, 그곳에서 내 이니셜이 새겨진 묵주알을 찾았고, 누군가가 또 다른 묵주알을 갖고 있는데 그 묵주알이 자신의 생명을 구해주었다고 생각한다는 것 등. 하지만 여기서는 가족들 모르게 말할 방법이 없다. 가족들이 어떻게 반응할지 누가 알겠는가? 사실

나조차도 무슨 일이 일어나고 있는지 정확하게 모른다. 그래서 에블린에게 지난 목요일 수학 시험은 잘 봤는지, 생물 숙제는 어떻게 되어가고 있는지, 소프트볼 첫 경기가 언제 있는지를 물었다. 그리고 마리아가 색칠한 그림을 보고 잘했다고 감탄을 쏟아내면서 아무렇지도 않은 것처럼 보이려고 노력했다.

시간이 지나고, 지나고, 지나간다. 첼시에게 나머지 이야기를 듣기 위해 빨리 아래층으로 내려갈 구실을 찾으며 슬쩍슬쩍 계단을 쳐다보았다. 결국 어깨에 가방을 메고 자동차 열쇠를 손에 든 첼시가 계단 끝에서 어쩔 수 없다는 표정으로 나를 바라보며 살짝 손을 흔든다. 그러고는 그냥 가버렸다. 내가 궁금해하는 모든 것에 대한 답을 가지고 말이다.

다음 날 우리 가족은 10시 미사를 드렸다. 친척들을 만나 함께 성당에 가니, 외할아버지와 외할머니를 중심으로 자리 네 줄을 채워 앉던 옛날로 되돌아간 기분이다. 하지만 미사가 끝나고 외할머니 집이 아닌, 에블린 집으로 가서 브런치를 먹었다. 수잔 외숙모가 커다란 키시 파이 한 판, 쇠고기 구이, 계피 롤빵 등을 내왔다.

에블린에게 묵주알에 대해 말할 기회를 엿보는데 온 집안이 사람들로 북적대고 있어서, 둘만 따로 있는 것이 불가능했다. 밖에는 비가 내리고 있어 나갈 수도 없다. 침실에는 그웬과 아바가 있고, 남자아이들은 지하방에서 비디오 게임을 하고 있다. 모든 공간이 꽉 찼다.

  1시 반이 되자 엄마가 집에 갈 시간이라고 한다. 모두 떠나고 에블린과 이야기할 시간을 갖기 위해 나는 조금 뒤에 집에 가도 되는지 물었다. 하지만 엄마는 내가 폴을 돌봐야 한다고 했다. 엄마와 아빠는 그웬을 소프트볼 연습장에 데려다주고 장을 보러 간다고 했다. 나는 어쩔 수 없이 실망한 표정으로 자동차로 갔다.

  동생을 돌보는 일은 어렵지 않다. 폴이 소파에 앉아 야구를 보는 동안, 나는 영어 수업을 위해 「파리대왕」을 읽었다. 마침내 아빠와 엄마 그리고 그웬이 들어오는 소리가 났다. 나는 얼른 달려가 에블린 집에 가도 되는지 물었다. 갑자기 엄마의 입술이 일자가 되면서 퉁명스러운 표정을 짓는다. 저 표정 뭐야? 지금 엄마가 화가 나는 이유가 뭐지? 다행히 아빠가 고개를 끄덕이며 저녁 먹기 전에는 돌아와야 한다고 했다. 나는 쏜살같이 내 방으로 올라가 에블린에게 전화를 했다.

  "에블린, 나야. 지금 너희 집에 가도 돼? 할 말이 있어."

  "물론이지. 무슨 일인데?"

"지금 할 수 있는 이야기가 아니야. 가서 말해줄게. 어제 일이 좀 있었거든. 정말 이상하고 신기해. 그러니까… 네 생각을 듣고 싶어."

전화를 끊자마자, 나는 녹색 패딩 점퍼에 장갑 그리고 모자까지 챙긴 뒤 차고에서 자전거를 꺼내기 위해 뒷문을 향해 달려갔다. 이어폰을 귀에 꽂고 음악 재생 버튼을 누르고 나서 자전거에 재빠르게 올라탔다.

에블린 집은 우리 집에서 일곱 블록 거리라 자전거를 타고 가기가 수월하다. 다행히 해가 나기 시작해서 날도 따뜻하다. 겨울옷을 입어서 더울 정도다. 에블린 집에 가까워질 즈음 자전거 속도를 줄이고 도착하자마자 재빨리 자전거를 세웠다. 왠지 걱정이 가득하다. 모든 일이 정말 이상하다. 에블린이 내가 미쳤다고 생각하면 어쩌지? 울렁거리는 마음을 가다듬고 숨을 깊이 들이마셨다. 에블린에게 말하는 건데 왜 이렇게 떨리지?

뒷문으로 가서 문을 살짝 두드리고 부엌에 누가 있는지 슬쩍 들여다보았다. 아무도 없다. 에블린을 부르며 집 안으로 들어갔다. 에블린의 목소리를 따라 가니 에블린 방이다. 에블린이 침대에서 베개에 파묻혀 책을 읽고 있다.

"무슨 일이야?"

에블린이 베개를 치우고, 파란색과 녹색 줄이 있는 이불 위에 책상다리하고 앉으며 물었다.

나는 책상에서 의자를 꺼내 풀썩 주저앉았다. 그리고 나서 입술을 깨물며 어떻게 말을 꺼낼지 잠시 고민했다. 침대 위에 걸려있는 십자고상이 눈에 들어온다. 기도를 자주 하지는 않지만 어느새 에블린이 내 말을 믿게 해달라는 기도를 하고 있다. 그리고 에블린이 우리가 해야 할 일을 알게 해달라고 기도했다. 숨을 한번 깊이 들이마시고 나서 말을 꺼냈다.

"우리 할머니 묵주 기억해? 은색 묵주알에 가족 모두의 이니셜이 새겨져 있는 거!"

"그럼. 할머니가 적어도 하루에 한 번은 우리를 위해 묵주기도를 하신다고 아빠가 말해줬어."

나는 두 다리를 뻗으며 주머니 깊숙이 손을 넣어 묵주알을 꺼낸 뒤 에블린에게 보여주었다. 에블린이 그것을 알아보는지 찬찬히 표정을 살폈다.

에블린은 말없이 한참 동안 묵주알을 바라보더니, 묵주알을 조심스럽게 들어 그 안에 새겨진 글자를 보기도 하고 더듬어 보기도 했다. 내가 수없이 반복했던 대로 말이다. 에블린이 내 눈을 똑바로 바라보고 속삭였다.

"어디서 이걸 찾았어?"

에블린에게 모든 걸 털어놓았다. 가족들이 들판에서 묵

주기도를 하는 동안 무언가에 이끌려 숲에 간 일과 이유는 알 수 없다는 것, 묵주알을 발견하고 울고 있던 나를 아빠가 찾으러 왔고, 레스토랑에 가서 첼시를 만난 것 등. 그리고 엠마라는 아이가 리즈 이모의 구슬을 가지고 있다는 것까지 모두 말했다.

"그런데 더 놀라운 일이 있어. 그 엠마라는 아이 있잖아? 그 아이는 그 묵주알이 자기 목숨을 구해줬다고 생각한대!"

"말도 안 돼!"

에블린은 꼼짝도 하지 않고 내 말을 듣고 있다. 이야기가 몹시 흥미로운 것이 틀림없다. 에블린이 내게 몸을 기울이며 물었다.

"목숨을 구해줬다고? 어떻게? 무슨 일이 있었대?"

"그게 문제야. 나도 몰라! 바로 그 순간에 엄마가 와서 못 들었어. 다시 첼시에게 가서 이야기를 듣고 싶었지만, 엄마가 나를 가만두지 않을 것 같았어. 그런데 식사를 마치기도 전에 첼시가 가버린 거야!"

에블린이 소리쳤다.

"우리가 그걸 알아내야 해! 무슨 일이 있었는지 알아내야 한다고! 그리고 리즈 고모에게 묵주알을 돌려줘야 해! 그건 할머니 거잖아. 그러니까 고모가 가져야 한다고!"

"알아, 알아. 하지만 어떻게? 첼시의 친구에게서 묵주알을 찾아오는 건 고사하고, 거긴 내가 자전거를 타고 갈 만한 거리가 아니잖아. 그리고 엠마라는 아이가 묵주알을 돌려주지 않으면 어떡해?"

"그러게, 참…. 그럼 우선 너는 그 레스토랑에 전화해서 첼시를 바꿔달라고 해. 만일 그 애가 없다면 언제 일하러 오는지 알아봐서 다시 전화를 하는 거야. 야, 케이트! 머리는 뒀다 뭐 하는 거야?"

에블린의 말이 좀 당혹스러웠지만 모든 것이 분명해졌다. 왜 나는 그 생각을 못 했을까?

"네 말이 맞아. 일단 그 레스토랑 전화번호를 찾아야 해."

내가 평범한 열여섯 살 아이라면 이때 주머니에서 핸드폰을 꺼내 〈오월의 딸기〉 레스토랑 전화번호를 찾는 것이 자연스러울 것이다. 하지만 불행히도 엄마는 못된 마녀처럼 핸드폰 사용을 허락하지 않는다. 엄마는 수잔 외숙모와도 손발이 척척 맞는다. 그러니 에블린도 핸드폰이 없다.

"부엌에 있는 컴퓨터로 찾아보자."

에블린의 제안에 내가 대답했다.

"잠깐! 지금은 이 문제를 비밀로 해야 할 것 같아. 이유는 모르겠어. 그냥… 그렇게 하는 거야. 오케이?"

에블린이 고개를 끄덕였다.

"물론이지. 부엌에 누가 있는지 보자. 아무도 없으면 그렇게 하는 거고, 누가 있으면 다른 방법을 찾아야 해."

간식거리를 찾는 척하며 우리는 어슬렁어슬렁 부엌으로 내려갔다. 늘 그렇듯이 외숙모는 벌써 저녁 준비를 하느라 부엌에서 야채를 썰고 있다.

컴퓨터는 부엌 모퉁이에 있는 책상 위에 있다. 외숙모가 있는 싱크대에서 정통으로 보이는 곳이다. 우리가 그곳에 앉아 전화번호를 찾는 것을 본다면 무슨 일인지 궁금해할 것이다.

엉거주춤 서있던 우리는 결국 바나나만 하나씩 집어 들고 위층으로 올라왔다.

"이제 어떻게 하지?"

외숙모가 안 들리는 곳쯤에서 에블린이 물었다.

"나도 몰라. 우리 집에서도 할 수 없어. 우리 집 컴퓨터는 거실에 있잖아. 누군가는 거실에서 텔레비전을 보고 있을 거야."

나는 손가락으로 입술을 두드리고, 에블린은 거의 울 것 같은 표정으로 얼굴을 찡그린다.

에블린이 낮게 속삭였다.

"딜런 오빠에게 전화를 쓸 수 있는지 물어볼 수 있기는 한데."

동의의 표시로 고개를 끄덕이고 우리는 복도 끝에 있는

오빠 방 앞으로 갔다. 에블린이 닫혀있는 딜런 오빠의 방문을 두드려 보지만 대답이 없다. 방문에 귀를 갖다 대자 목소리가 들린다. 꿀이 흐를 것 같은 달콤한 목소리인 것을 보니 여자 친구와 통화 중인 것이 분명하다.

에블린이 눈동자를 굴리며 속삭였다.

"참 나, 몇 시간째 저러고 있다니까!"

우리는 다시 방으로 가서 각자 자리에 풀썩 주저앉았다. 다시 생각에 잠겼다. 에블린은 입술을 깨물고, 나는 새끼손톱을 물어뜯었다.

'식구들 모르게 어떻게 전화번호를 알아내지?'

내가 큰 소리로 외쳤다.

"도서관은 어때?"

"좋은 생각이야!"

에블린이 "가자" 하며 침대에서 벌떡 일어났다.

우리는 곧바로 차고로 달려가다가 어디 가는지 부모님께 말해야 한다는 것이 생각났다.

다시 집 안으로 뛰어 들어가, 에블린이 부엌에서 외숙모에게 말하는 동안 나는 아빠에게 전화를 걸었다. 그리고 나서 우리는 자전거를 타고 도서관으로 갔다.

일요일 오후라 도서관은 쥐 죽은 듯 조용했다. 덕분에 컴퓨터의 빈자리가 많아서 곧 전화번호를 알아냈다. 번호를 받아 적고는 다시 문을 향해 뛰었다. 막 자전거를 타려는데 갑자기 에블린이 나를 멈추어 세웠다.

"잠깐, 도서관에 왔는데 빈손으로 가면 부모님이 분명히 의심할 거야. 책 몇 권 빌려가는 게 어때?"

나는 발을 동동 구르며 허공을 향해 주먹을 날렸다.

"참 나! 첼시가 지금 일하고 있으면 어떡해? 우리가 너무 늦어서 가버리면 어쩌려고?"

사실 도서관에 와서 책 한 권도 빌리지 않고 돌아간다는 게 말이 안 된다는 것을 안다. 더 지체할 것도 없이 에블린이 내 소매를 잡아끌며 도서관 안으로 들어갔다.

15분 뒤, 우리 손에는 책이 들려있었다. 물론 우리는 배낭을 가져올 생각을 하지 못해서, 한 손에는 책을 들고 다른 손으로는 자전거 핸들을 잡느라 애를 먹으며 에블린 집으로 왔다. 뒷문으로 뛰어 들어가면서도 급히 서두르는 바람에 하마터면 둘이 부딪힐 뻔했다.

여전히 부엌에 계시는 외숙모가 우리를 보았다.

"애들아, 뭐가 그리 급해서 난리니?"

에블린이 천천히 걸으며 외숙모를 쳐다보지 않고 말했다.

"아무것도 아니야, 책을 빨리 보고 싶어서!"

다행히 우리 둘 다 독서광이어서 외숙모는 눈썹만 추어

올릴 뿐 웃으며 말했다.

"알았다. 얘들아, 재밌게 읽어!"

에블린이 냉장고로 가서 물병 두 개를 꺼내와 이층으로 올라갔다.

방에 들어오자 나는 침대에 걸터앉아서 계속 전화기만 노려보았다. 심장이 방망이질한다.

"빨리, 케이트! 빨리해야 해!"

에블린이 덥석 무선전화기를 들더니 전화번호를 받아 쓴 종이를 달라고 다른 한 손을 내민다.

나는 숨을 한번 깊이 쉬고 나서 주머니 안쪽으로 손을 집어넣었다. 전화번호가 적힌 종이를 찾는데, 손가락에 묵주알이 닿는 것이 느껴진다. 에블린에게 종이를 내미니 얼른 번호를 누르고 나서 나에게 수화기를 건넸다.

전화벨이 몇 번 울리자 누군가가 전화를 받았다.

"저… 안녕하세요. 저, 저기… 체… 첼시가 지금 일하고 있나요?"

말을 자꾸 더듬는다.

"방금 일이 끝났는데요."

여성스러운 목소리의 대답을 들으면서 가슴이 철렁 내려앉았다.

"잠깐만요. 아직 가지 않았을지도 몰라요. 누구라고 전할까요?"

"음, 저, 제 이름은 케이트예요. 어제 선물 가게에서 이야기를 나눈…."

"오, 얘기 들었어요! 잠깐만요, 아직 여기 있는지 찾아볼게요."

조용해졌다. 나는 에블린 말고는 누구에게도 하지 않은 이야기를 첼시는 모르는 누군가에게 했다는 사실에 놀라며 에블린을 바라보았다.

"여보세요?"

첼시의 목소리를 듣자 나는 흥분하여 침대에서 벌떡 일어섰다. 에블린도 벌떡 일어나 대화를 듣기 위해 수화기 가까이에 귀를 댄다.

"안녕, 첼시?"

"안녕, 케이트지?"

나는 웅얼거리며 그렇다고 대답했다.

"네가 전화했으면 했어. 내겐 연락할 방법이 없으니 말이야. 내 친구 엠마와 너의 구슬에 관해 이야기했어. 엠마가 너를 만나고 싶어 하는데 가능하니?"

에블린이 흥분한 나머지 머리를 젖히며 연신 좋았어! 좋았어! 외치며 자리에서 펄쩍 뛸 기세다.

댄빌까지 어떻게 갈 수 있을지 모르겠으나 방법은 찾을

수 있을 것 같다.

"음, 물론, 그럴 수 있지. 언제?"

"글쎄, 목요일이면 어떨까?"

에블린을 바라보자 에블린이 고개를 저으며 "내일!" 하고 말했다.

"목요일 말고, 내일은 어때?"

"엠마에게 물어볼게. 가능할 거야."

나는 첼시에게 에블린 집 전화번호를 알려주고 나서 전화를 끊었다.

다시 조용해졌다. 약속을 잡긴 했는데 내일은 학교 가는 날인 데다가 1시간이나 걸리는 그곳까지 갔다 올 수 있는 교통수단이 없다. 부모님들은 이 일에 대해 전혀 모르고, 차를 가지고 있는 사람도 모른다! 그리고 나는 아직 누구에게도 이 이야기를 말할 계획이 없다. 최소한 아직은!

에블린에게 물었다.

"내일이라고? 왜 내일이지? 우리가 지금 무슨 일을 한 거야? 도대체 우리가 내일 어떻게 거기까지 갈 수 있다는 거야?"

"케이트, 침착해! 리즈 고모가 있잖아! 고모가 아직 존 삼촌과 캐시 숙모 집에 머물잖아! 리즈 고모한테 부탁만 하면 돼. 고모는 융통성도 있는 데다 더구나 그건 고모의 묵주알이야. 고모가 우리를 데려다줄 거야. 고모가 화요일에 떠난다고 했으니까 내일이 좋은 날이야."

시계를 보니, 5시가 다 되었다. 저녁이 되기 전에 집에 가야 한다. 우리에게 시간이 별로 없다는 뜻이다.

"알았어. 무슨 말인지 알겠어. 근데 이모 전화번호는 알아?"

"어, 아니."

에블린이 민망하다는 듯이 대답하더니 말을 이었다.

"하지만 엄마가 알아. 그러니까 엄마 핸드폰에서 고모 전화번호를 알아내는 거야. 어때?"

나는 다른 사람의 전화 기록을 몰래 찾아보는 것이 편치 않아 잠시 생각을 하고 나서 에블린에게 넘겼다. 에블린 엄마 핸드폰이니까 번호를 알아내는 것은 에블린 몫이다. 나는 구경만 하면 된다.

"그래, 그럼 가서 알아 와. 기다리고 있을게."

나는 침대 안쪽으로 깊숙이 앉으며 도서관에서 빌려온 책을 펼쳤다. 에블린이 약간 못마땅한 눈초리로 나를 보고는 나갔다. 5분쯤 지나서 돌아온 에블린 손에 핸드폰은 있지만 얼굴이 그리 좋아 보이지 않았다.

"배터리가 나갔어."

"충전기가 어디 있는데?"

"몰라, 찾아봐도 없어."

"그럼 충전기를 찾아야겠다."

구경꾼으로 남아있으려던 내 계획은 날아갔다. 충전기를 찾아 나서는 사냥꾼의 계획에 어쩔 수 없이 나도 함께해야 한다. 우리는 자가용, 외숙모 가방, 서재까지 다 뒤져보았다. 아무 곳에도 없다. 20분이 지나 우리가 서있는 곳은 에블린 부모님의 침실 앞이다.

에블린이 간절하게 속삭였다.

"성 안토니오, 성 안토니오, 이곳에 좀 오시겠어요? 엄마의 충전기를 꼭 찾아야 해요."

웃음이 피식 나왔다. 나는 에블린의 행동이 가장 멍청한 짓이라고 생각한다. 잃어버린 물건을 찾아달라고 기도하다니!

그런데 갑자기 에블린이 무릎을 꿇고 침대보를 들추더니 침대 밑을 들여다본다.

"아하! 여기 있었네!"

에블린이 근처에 있는 옷걸이를 잡고서 침대 밑을 훑으니 충전기가 끌려나왔다.

에블린이 눈을 반짝이며 환하게 웃더니 천장을 올려다보며 말했다.

"안토니오 성인, 감사합니다. 최고예요!"

할 말을 잃었다. 솔직히 에블린이 그렇게 할지 몰랐다. 우연일 뿐이다. 어이없는 표정을 지으며 발뒤꿈치를 들고 방에서 나왔다. 에블린의 방에 안전하게 돌아오니 안도의 숨이 나왔다.

충전기에 전화기를 연결하고 전원이 들어올 때까지 안절부절못하며 기다렸다. 결국 에블린이 리즈 이모의 전화번호를 찾아내는 데 성공했다. 이번에도 나는 몹시 긴장된 나머지, 미끄럽고 비린내 나는 물고기를 잡아야 하는 것처럼 전화기를 노려보기만 했다.

그러자 용감한 에블린이 전화기를 들고서 번호를 누르기 시작했다.

신호 가는 소리는 들리는데 리즈 이모가 전화를 받지 않는다. 에블린이 전화해 달라는 메시지를 짧게 남기고 전화를 끊었다. 우리는 전화벨이 울리기를 한참 기다렸지만 그런 행운은 오지 않았다.

30분이 지나 집에 가야 할 시간이다. 끝내 리즈 이모에게서 전화는 오지 않았다. 첼시에게 전화가 와서, 내일 오후 첼시와 엠마와 만날 약속을 했다. 자, 이젠 우리를 데려다줄 사람을 찾기만 하면 된다.

집을 향해 자전거 페달을 밟는데 속이 울렁거렸다. 우리는 이 일을 꼭 해내야 한다. 엠마라는 아이에게 무슨 일이 있었는지, 그리고 그 묵주알이 그녀의 생명을 어떻게 구했는지 알아내야 한다. 그것이 무엇보다 중요하다.

집에 도착해 현관에 다가서는데 또 냉동 피자 냄새가 난다. 오, 제발 이제 그만! 엄마는 평소에 요리하는 것을 좋아했다. 그런데 최근에 우리 식구는 냉동 음식이나 맛없는 포장 음식을 질리도록 먹고 있다.

저녁 식사 시간이 괴롭다. 나는 몇 분 간격으로 계속 시계만 쳐다보았다. 아빠가 대화를 시도했으나 힘겨운 싸움일 뿐이다. 엄마는 말없이 음식에만 시선을 두고 기계적으로 음식을 씹고 있다. 폴은 나가서 동네 아이들과 야구를 하고 싶어 안달이고, 그웬은 책을 읽고 싶어 한다. 나는 에블린에게 빨리 전화를 하고 싶다.

의무적으로 설거지를 마치고 무선전화기를 들고 재빨리 내 방으로 올라갔다.

에블린에게 전화를 걸어 다짜고짜 물었다.

"리즈 이모에게서 전화 왔어?"

에블린의 목소리에 걱정이 묻어있다.

"아니, 다시 전화해야 할까?"

"안 돼! 그러면 이모가 아주 중요한 일로 생각하고, 존 외삼촌과 캐시 외숙모에게 말할지도 몰라. 그러면 그분들이 너희 엄마한테 전화하면 모든 사람이 이것저것 묻고 난리가 날 거야."

"그런데 케이트, 궁금한 게 있어. 이 일을 비밀로 하는 게 왜 그렇게 중요해?"

"나도 몰라! 그냥 그래야 할 것 같아. 외할머니가 돌아가시고 우리 엄마가 어떤지 너도 알잖아. 어떤 것에도 관심이 없고, 기쁨도 없고, 많이 우울하셔. 그 말은 나에게 '안 돼'라고 말할 이유를 찾고 있다는 거지. 엄마가 알게 되면 쓸데없는 짓을 한다면서 묵주알을 찾는 것마저 시간 낭비라고 할 거야. 난 그게 두려워. 어쨌든 최근에 우리 엄마는 '하느님이 하시는 일'에 대해 불만이 있는 게 분명해."

창밖이 어두워지는 걸 보며 나는 잠시 말을 멈추었다.

"얼마 전에 엄마가 아빠에게 뭐라고 했는지 알아? 외할머니가 날마다 성당에 가서 미사 드리고 기도하시던 것을 두고 이렇게 말하더라. '그래서 엄마가 어떻게 됐는지 봐요. 모두 시간 낭비예요.' 그러니 엄마가 이 일을 알게 되면 뭐라고 할지 말하지 않아도 알겠지?"

참고로 부모님은 신앙심 깊은 신자는 아니다. 아빠는 하느님을 전혀 믿지 않는 것 같다. 물론 주일이면 우리 가족은 미사를 드리고, 나와 동생들은 가톨릭 학교에 다닌다. 하지만 그것 말고는 함께 기도하거나 종교에 대해 전혀 이야기하지 않는다. 그저 그렇게 해야 하니까 믿는 시늉만 하는 것 같다. 그런데도 엄마의 말은 나를 몹시 놀라게 했다. 엄마의 말처럼 외할머니는 신앙심이 정말 깊으셨다.

나는 마른침을 꿀꺽 삼키고 나서 말을 이었다.

"이해하기 어려운 거 알아. 하지만 이 일이 하나의 기적이든 쓸데없는 짓이든, 엄마가 어떻게 나올지 걱정이 돼서 그래. 두 경우 모두 엄마가 몹시 화낼 것이 두려워. 그리고 사실 엄마는 이미 화가 나있어. 더는 엄마가 신앙을 잃지 않기를 바랄 뿐이야."

내 목소리가 물에 가라앉는 듯하다. 사실 나는 내가 방금 한 말에 대해 진지하게 생각해 본 적이 없다. 그러니까 나도 내 생각을 처음 들은 거다.

"암튼 그것이 내가 비밀로 하고 싶은 이유야."

나는 자신이 없는 듯 말을 끝냈다.

조용하다. 에블린이 내 말을 들었는지 의심하고 있는데 에블린이 말했다.

"알았어. 무슨 말인지 알았다고. 모두 비밀로 하자. 하지만 리즈 고모가 전화를 하지 않으면 내일 어떻게 할 것인지 대안이 있어야 해."

"시내버스가 거기까지 갈까?"

"안 갈 거야."

나는 약간 주저하며 제안했다.

"그럼 택시는 어때?"

"택시 요금이 얼마 정도 나올지 알고 있어?"

"응, 앞으로 육 개월 동안 너와 나의 용돈을 합한 것쯤?"

"맞아."

다시 조용해졌다. 나는 입술을 깨물며 묘안을 생각했다. 결국 에블린이 약간 목이 막힌 목소리로 말했다.

"딜런 오빠?"

글쎄…. 딜런 오빠에게 오래된 혼다 어코드가 있지만 늘 최고 속도로 달린다. 만일 내게 있는 묵주알에 어떤 힘이 있다면 댄빌까지 갔다 오는 동안 우리를 보호해 줄지 모르겠지만 과연 그럴까? 나는 숨을 한번 깊이 들이마시고 용기를 내어 동의했다.

"좋아. 오빠한테 물어보고 연락해."

전화를 끊고 숙제를 하는데 집중할 수가 없다. 외할머니가 돌아가시고 나서 우리 가족이 변한 것에 대한 생각이 자꾸 떠오른다.

우리는 명절마다 친척들과 함께 보냈다. 가족들이 모이기에 외할아버지 외할머니 집보다 더 좋은 장소는 없었다. 아주 멋진 집이었다. 외할아버지는 항상 이렇게 말씀하셨다. "자, 그래서 우리가 이 집을 지은 거야. 손자 손녀들과 모이려고." 외할아버지는 우리를 둘러보고는 흐뭇하게 웃으며 말씀하셨다. "딱, 계획대로 된 거지."

정말 그랬다. 수영장, 게임기, 큰 텔레비전…. 외할아버지 외할머니 집에는 재미있는 것이 많았고, 집 그 이상의 의미가 있었다. 항상 웃으며 우리를 맞아주셨고, 말하지 않아도 우리가 받아들여지고 사랑받고 있다는 것을 확신하게 해주는 무언가가 있었다.

외할아버지와 외할머니는 아이 일곱을 낳았다. 음, 나는 일곱 명이라고 생각하지만 외할머니는 열한 명의 아이를 낳았다고 말씀하실 것이다. 하느님이 지상의 선물로 주신 일곱 아이와 천국에서 필요한 네 명의 아이. 잃어버린 네 명의 아이를 그렇게 받아들일 수 있다는 것이 이해하기 어렵지만 그게 바로 우리 외할머니다.

일곱 명의 엄마 형제들은 모두 사이가 좋고, 그중 여섯 명은 지금도 같은 마을에서 20분 이내의 거리에 살고 있다. 에블린의 아빠인 데이비드 외삼촌이 장남이다. 데이비드 외삼촌과 수잔 외숙모에게는 세 명의 아이가 있다. 그다음이 우리 엄마인데 역시 아이가 셋이다. 엄마 아래가 메리엘렌 이모인데 엄마와 한 살밖에 차이가 나지 않아서 쌍둥이처럼 자랐다. 하지만 외할머니가 돌아가시고 두 분은 사이가 멀어졌다. 엄마는 내색하지 않지만, 내가 보기에 이제

두 분 사이에는 공유하는 것이 거의 없어 보인다. 메리 엘렌 이모는 외할머니를 많이 닮았다. 이모와 로버트 이모부의 아이는 다섯이다.

메리 엘렌 이모 아래는 매튜 외삼촌이다. 매튜 외삼촌과 제니 외숙모의 아이도 다섯이다. 매튜 외삼촌 아래가 바로 요셉 신부님이다. 요셉 외삼촌 아래로 마크 외삼촌이 계셨는데 그분은 태어난 지 얼마 되지 않아 돌아가셨다고 한다. 그다음은 존 외삼촌이다. 존 외삼촌과 캐시 외숙모는 결혼한 지 한참이 지났는데도 아이가 없다. 외할머니가 세 번 유산을 하신 것은 존 삼촌과 리즈 이모 사이에서다. 리즈 이모는 다른 형제들보다 한참 나이가 어리다. 그래서 나는 리즈 이모가 외롭거나 약간 응석받이거나 아니면 둘 다일 것으로 생각했다. 리즈 이모는 덴버 지역 기자이고 굉장히 멋진 면이 있다. 이모가 이 마을에 오면 여자 조카들 가운데 가장 나이가 많은 나와 에블린을 데리고 극장이나 네일아트숍 같은 곳에 데려가기도 한다.

외할아버지와 외할머니가 돌아가시고 이제 일곱 명의 자녀와 열여섯 명의 손자 손녀들만 남았다. 가끔 친척들이 모이면 여전히 친근하고 화목하지만 더는 자주 모이지 않는다. 각자의 활동이 있고, 각자의 친구들이 있고, 각자의 삶이 있기 때문이다. 이제는 함께 모일 수 있는 큰 집도 없다.

묵주알을 찾아서

외할아버지와 외할머니가 우리를 함께 모이게 하는 역할을 하신 것이다. 그런데 두 분이 돌아가시고 나니 뿔뿔이 흩어질 것처럼 보인다.

갑자기 전화벨이 울리는 바람에 상념에서 빠져나왔다. 에블린 같아서 얼른 수화기를 들었다.
에블린이다.
"오빠가 운전해 준대."
나도 모르게 숨을 죽이고 있었는지, 내 입에서 긴 한숨이 나왔다.
"하지만 우리가 기름값을 줘야 해."
괜찮다. 그 정도는 할 수 있다.
"그리고 우리에게 시간을 내주는 대신, 내가 일주일 동안 오빠의 잔심부름을 해야 해."
에블린이 나보다 낫다.
에블린이 물었다.
"그런데 부모님께는 뭐라고 말해야 할까?"
오, 어려운 문제다. 지금까지 나는 부모님 몰래 뭔가를 해본 적이 없다. 요즘 엄마 때문에 힘들긴 해도 엄마에게 거짓말하는 것은 싫다. 하지만 다른 방법이 없으니 어쩌겠는가!

"쇼핑하러 간다고 하면 어때?"
마지못해 내가 대답했다.
"그래, 그러는 게 좋을 것 같아. 부모님께 거짓말하는 건 정말 싫지만 말이야."
에블린이 내 마음을 읽은 것처럼 말했다.
"토요일에 고해성사 보면 되지 뭘."
나는 일부러 아무렇지 않은 듯 말했다.
"어떻게 보면 거짓말이 아닐 수도 있어. 거기서 뭔가를 살 수도 있으니까."
"좋은 생각이야. 그럼 수업 끝나고 우리 집으로 와. 딜런 오빠는 상담이 끝나야 갈 수 있대."
계획이 잡혔다. 전화를 끊고 나서 다시 역사책을 읽으려고 시도했다. 밤새도록 읽게 생겼다.

장미 향기가 나는 구슬

 밤잠을 설쳐서 오늘 본 역사 시험은 낙제할지도 모른다. 그런데도 나는 에블린의 집으로 가면서 2시간만 있으면 첼시와 그녀의 친구 엠마를 만난다는 것에 온 관심이 쏠려 있다.
 에블린의 집에 도착했다. 수잔 외숙모에게 인사하고 나서 간식을 챙긴 뒤 숙제하기 위해 곧장 에블린 방으로 올라갔다.
 에블린이 가장 좋아하는 색은 파란색이어서 방의 벽도 하늘색이다. 침대에는 파란색과 녹색 줄무늬가 있는 이불이 있고 베개까지 녹색이다. 우리가 안정을 취하고 기다리기에 딱 좋은 분위기다. 나는 침대 위에 편히 앉아 「파리대왕』을 읽기 시작했다. 에블린은 책상에 앉아 스피커를 꽂고 숙제할 때 듣는 음악을 틀어놓았다.

에블린이 내 외사촌이자 가장 친한 친구임은 틀림없으나 음악을 듣는 취향은 완전히 다르다. 먼저 그레고리오성가가 흘러나오고 이어서 어느 유명한 어린이 성가대가 부르는 외국어 성가가 흘러나왔다. 나는 알아듣지도 못하는 음악을 듣는 사람을 도무지 이해할 수 없다. 에블린은 늘 이런 음악에 대해 설명해 주려고 애를 쓴다. 이런 음악이 천사들의 노랫소리 같아서 마음을 천상으로 들어 올려준다고 한다. 하지만 무슨 소리인지 모르겠다. 나는 최신곡을 듣는 것이 좋다.

에블린이 말한 '천사들의 노래'를 듣는데 마음은 이리저리 헤매고 있다. 나는 가톨릭 학교에 다니지만 믿음이 깊지는 않다. 하지만 하느님이 계시다는 것을 믿는다. 사람들, 동물들, 지구…. 이 모든 것이 그저 우연이라고 말하기에는 너무 복잡 미묘하다. 모든 것을 잘 어울리게 만든 '높은 존재'가 틀림없이 계실 것이다. 그렇다면 예수님은? 글쎄, 그분도 꽤 멋진 분 같아서 크게 문제는 없다.

나는 교리 수업 때 연옥에 대해 배워서 대부분의 사람이 곧바로 천국에 가지 않는다고 알고 있다. 도슨 선생님은 우리에게 예수님이 말씀하신 '천국에 이르는 문은 좁고, 멸망으로 이르는 길은 넓다'라든지, '하느님 아버지께서 완전하신 것처럼 너희도 완전한 사람이 되어라'와 같은 성경 구절을 많이 찾아보게 했다. 그리고 나는 성 바오로가 불로 단련되는 시험에 대해 말한 것도 알고 있다. 연옥에 대해 배우고 나니 연옥이 상당히 논리적이라는 생각이 든다. 사람들은 늘 천국에 대해 말하지만 대부분의 사람은 이 세상에서 곧바로 천국으로 가는 입장권을 받을 만큼 선하지 않다.

도슨 선생님이 연옥에 대해 알려주면서, 천국으로 가는 사람은 천사가 아니라 거룩한 사람이라고 말했다.

음악을 들으며 외할머니 생각을 했다. 외할머니가 천국에 있기를 바라면서, 천사가 아니라 거룩한 사람이 된 외할머니를 생각했다. 외할머니가 지금 우리를 보고 있을까? 외할머니가 하느님께 가서 특별한 것을 청할 수 있을까? 어쩌면 묵주알을 찾고 있는 내 뒤에 외할머니가 있는 건 아닐까?

오늘 아침, 보석함에서 찾아낸 은색 줄에 묵주알을 끼워 목에 걸었다. 이제 묵주알은 내 셔츠 안에 안전하게 있다. 묵주알이 피부에 닿을 때마다 평화로움이 느껴진다. 지금도 나는 목에 걸린 묵주알을 손가락으로 굴리고 있다. 내일 시험이 있으니 이제 책 읽는 일에 집중해야겠다.

책을 거의 다 읽었을 때쯤 아래층에서 딜런 오빠의 목소리가 들렸다. 나와 에블린은 벌떡 일어나, 아직 교복을 입고 있다는 것을 깨닫고 재빨리 옷을 갈아입었다. 에블린은 파란 레깅스에 파란색과 녹색 줄무늬 셔츠를 입었다. 자기 방과 똑같은 모습을 보고 속으로 웃음이 나왔지만 아무 말도 하지 않았다. 나는 청바지에 우리 학교 정신이 새겨진 긴팔 셔츠를 입었다.

우리는 태연하게 아래층에 내려가 딜런 오빠를 기다렸다. 에블린이 외숙모에게 딜런 오빠가 우리를 쇼핑 장소에 데려다주기로 했다고 설명하는 동안 나는 마음이 찔려서 공연히 뒷문만 바라보았다. 딜런 오빠는 우리처럼 서둘지 않아서, 옷을 갈아입고 나갈 준비를 하는 데 영원이 걸릴 것 같다.

마침내 우리는 또 다른 묵주알을 찾기 위해 댄빌로 향했다.

날씨가 참 좋다. 막바지 겨울이 봄을 놓아주지 않는 듯 약간 쌀쌀한 기운이 남아있다. 나뭇가지에 파릇파릇 새순이 돋아나기 시작하고, 마당에 있는 크로커스가 봉오리를 터트리려고 한다. 집에서 멀어지자 오빠가 속도를 내기 시작했다. 모퉁이를 급하게 돌 때마다 손잡이를 잡고 속도계가 아닌 바깥 풍경에 집중했다.

복잡한 시내를 어느 정도 벗어나자 오빠가 백미러로 나를 쳐다보며 말했다.

"케이트, 에블린에게 듣긴 했는데 네가 직접 말해봐."

열여덟 살로서 위엄 있는 목소리다.

나는 숨을 한번 깊이 들이쉰 다음 어제 오후에 에블린에게 했던 것과 똑같이 말했다.

"그래서 이제 우리는 엠마라는 아이한테 무슨 일이 있었는지 듣게 될 거고 리즈 이모의 묵주알도 찾게 될 거야."

이야기를 끝냈을 때 차가 신호등 앞에 멈추었다. 딜런 오빠가 라디오 볼륨을 높이더니 생각에 잠긴 듯 말이 없다. 마침내 차가 주차하는 곳으로 미끄러지듯 들어갔다. 딜런 오빠가 차에서 내리며 "자, 그다음 이야기가 무엇인지 가서 알아보자"라고 말했다.

레스토랑 안으로 들어가는데 찰랑찰랑 풍경 소리가 났다. 선물 가게를 지나자마자 바로 보이는 자리에 첼시가 앉아있다. 그 옆에는 짧은 갈색의 삐침 머리를 한 마른 소녀가 있다. 나와 에블린은 반대편 자리에 들어가서 앉고, 딜런 오빠는 탁자 끝으로 가서 의자를 끌어다 앉았다.

나는 첼시에게 에블린과 딜런 오빠를 소개하고, 첼시는 우리에게 엠마를 소개해 주었다. 첼시는 우리에게 무엇을 마실지를 묻고 음료수를 가지러 갔다. 그사이 내 시선은 엠마에게 향했다. 첼시보다는 나이가 더 많은 것 같다. 아마 열아홉 살 정도 되었을 것 같다. 따뜻하고 친절한 눈빛을 가진 그녀는 꽤 당차 보였다.

"그러니까 이것 때문에 온 것 같은데."

엠마가 셔츠 속에서 목걸이를 꺼냈다. 목걸이에는 묵주알이 달려있다. 엠마는 약간 주저하며 목걸이를 풀어 손바닥 위에 놓고는 계속 묵주알을 쳐다보면서 이야기를 시작했다.

"지난여름 어느 날, 첼시가 일을 마치고 차 열쇠를 찾던 중에 가방에서 물건이 떨어져서 그것을 주우려다가 보도블록에서 이 구슬을 발견했어. 그런데 그 구슬에 내 이름의 이니셜이 새겨져 있는 거야. 첼시와 나는 친자매와 같아. 2년 전에 엄마가 직장을 옮겨서 이사를 해야 했는데 학기 중간이라 전학을 가고 싶지 않은 거야. 그 뒤로 첼시의 가족들과 함께 살고 있어. 그날 첼시는 몹시 흥분하여 집에 와서 내게 이 구슬을 보여줬어. 나도 구슬이 특별하다는 생각이 들어서 누군가가 잃어버린 구슬을 지니고 있는 게 늘 마음에 걸렸어. 하지만 어떻게 주인에게 돌려줘야 할지 알 수 없었어. 그래서 그 구슬을 목에 걸고 다녔는데 무언가 알 수 없는 느낌이 들었어. 기분이 좋아지는 느낌이었어."

손바닥에 있는 묵주알에 시선을 두던 엠마가 고개를 들더니 우리를 번갈아 바라보았다. 그러고 나서 나에게 시선을 고정하고 다시 말을 시작했다.

"어느 날, 아침 일찍 차를 운전하여 일터로 가는 중이었어. 나는 동네 식료품 가게에서 일하거든. 그런데 길을 잘못 들어선 차가 갑자기 내 차로 달려든 거야. 나중에 음주 운전자인 걸 알았어. 그 차가 내 차를 세게 들이받는 바람에 내 차가 뒤집혔어. 정확히 기억은 안 나지만 구급차가 올 때까지 나는 차 안에 거꾸로 매달려 있어야 했지. 정신을 잃었는데 한 가지 기억나는 게 있어. 그때 나는 몹시 두려웠고 곧 죽을지도 모른다고 생각했어. 그런데 정말 이상한 일이 일어난 거야."

 엠마는 아직도 믿을 수 없다는 듯이 고개를 저었다

 "장미 향기가 났어. 그때가 12월인데 분명히 장미 향기를 맡았어. 그리고 어떤 여자 목소리가 들렸어. 그리고 갑자기 나는⋯."

 엠마의 목이 잠긴 듯하더니 어느 순간 경이로운 표정을 짓는다.

 "나는 그저 모든 것이 괜찮으리라는 것을 알았어. 그리고 그분이 나에게 기다리라고 하셨어. 모든 것이 괜찮을 거라고 하면서 내 손을 잡는 것을 느끼는 순간 안심이 됐어."

 엠마는 왼손으로 자기 오른손을 잡더니 기억을 되새기듯 손을 바라보았다.

 "사람들은 차 문을 열기 위해 절단기를 사용해야 한다고 했고 응급 구조원들은 내가 살아있기 어려울 거라고 했어. 그들이 나를 발견했을 때는 의식을 잃은 상태였지만 차 밖으로 나오자 의식이 돌아왔어. 나는 그들에게 나와 함께 있던 여자분을 보았냐고 물었지만 아무도 보지 못했다고 했지. 그런데 내 손에 뭐가 있었는지 알아?"

그녀는 목걸이에 달린 묵주알을 잡았다.

"바로 이 구슬이야. 어떻게 내 손에 있었는지 몰라. 분명히 내 목에 걸려있었거든. 줄이 끊어지지도 않았어. 그런데 내가 이 구슬을 손에 쥐고 있는 거야."

눈물이 가득 고인 눈으로 엠마가 나를 바라보며 말했다.

"그리고 구슬에서 장미 향기가 났어."

모두 조용하다. 다들 묵주알 이야기에 빠져있다. 팔이며 다리에 소름이 돋았다.

"정신 나간 말처럼 들리겠지만, 나는 이 구슬이 내 생명을 구했다고 생각해."

약간 어색해하며 엠마가 이야기를 마쳤다.

침묵이 영원할 것 같다. 무슨 말을 더 할 수 있겠는가? 나는 절대로 바보스러운 말을 덧붙이지 않을 것이다. 그 순간, 딜런 오빠가 마지막 남은 콜라 한 모금을 소리 내어 들이키는 바람에 분위기가 깨졌다.

엠마가 목걸이에서 묵주알을 빼 나에게 내밀며 말했다.

묵주알을 찾아서

"자, 받아."

"아니야, 내가 가질 수는 없어."

"첼시가 네 외할머니 것이라고 했어. 그리고 네가 다른 구슬을 들판에서 찾았다는 이야기도. 내가 이 구슬을 갖는 건 맞지 않아. 게다가 이 구슬은 이미 내게 큰 도움을 주었어. 더는 나에게 필요하지 않아."

엠마가 묵주알을 손바닥 위에 놓고 손가락을 오므려 조심스럽게 내 쪽으로 내밀었다. 또다시 침묵이 흐른다. 눈에 눈물이 차오르고 눈물 한 방울이 뺨을 타고 흘렀다. 옆에서 에블린이 훌쩍거리는 소리가 들렸다.

그때, 첼시가 말했다.

"자, 그럼 이제 어떻게 할 거니? 나머지 구슬을 찾을 거야?"

어쩌면 이 일이 엄마에게
도움이 될지도 몰라

나는 잠시 아득한 상태로 말없이 앉아있었다. 나머지 묵주알을 찾으려는 생각은 해보지 않았다. 에블린과 나는 흥분된 얼굴로 마주 보았다. 그게 가능할까? 우리가 찾을 수 있을까?

"어떻게?"

"어디서?"

에블린과 나는 동시에 말을 하고 나서 깔깔대며 웃었다. 엠마의 이야기를 들으며 고조되었던 감정이 다소 진정되었다. 그러자 딜런 오빠가 어이없다는 듯 몸을 뒤로 기대며 찬물을 끼얹는다.

"이제 집에 가야 해. 그리고 나는 더 이상 너희들을 이곳에 데려올 수 없어. 그러니까 묵주알을 찾고 싶거든 다른 사람을 알아봐."

에블린이 팔짱을 끼며 오빠에게 반항적인 태도를 취했다.

"좋아. 다른 사람을 찾을 거야. 그리고 아무튼, 이번 여름이 가기 전에 우리도 운전면허증을 갖게 될 테니까."

"자전거로 올 수도 있고!"

그런 일이 없기를 간절히 바라면서 나도 거들었다.

"첼시와 나도 도울게. 구슬을 찾으면 우리가 가져다주든 우편으로 보내주든 할게."

엠마의 말에 비로소 안도의 숨이 나왔다.

첼시도 동의했다.

"꼭 우리가 도와줄게. 하지만 우선 너희가 어떻게 구슬을 찾을지 알려줘야 해."

그건 쉽다. 학교에서 연극반 광고를 돕지 않았던가! 내가 어깨를 한번 으쓱하며 말했다.

"전단지를 만들 수도 있고, 신문에 광고를 낼 수도 있어."

"이 레스토랑에 전단지를 붙이면 되겠다!"

고개를 끄덕이며 첼시가 말하자, 엠마도 같은 제안을 했다.

"식료품 가게에도 붙일 수 있을 거야. 그리고 이곳 큰길을 따라서 전단지를 붙이자."

내가 큰 소리로 말했다.

"그럼 되겠다. 그 방법으로 나머지 묵주알을 찾는 거야."

딜런 오빠가 더는 참을 수 없다는 듯이 기다리고 있어서, 결국 자리에서 일어나면서 에블린에게 물었다.

"만일 나머지 묵주알을 모두 찾는다면 엠마한테서처럼 이야기를 듣게 될까?"

에블린이 눈썹을 추어올리고 단호한 표정으로 말했다.

"글쎄, 알 방법은 딱 한 가지야. 묵주알을 찾는 것!"

첼시와 엠마를 만난 지 얼마 되지 않았고, 나이도 우리보다 조금 많지만, 헤어질 때는 오래 만난 친구 같았다. 우리는 서로를 안으며 다시 연락하기로 약속했다. 나는 두 사람의 전화번호와 이메일 주소를 적은 종이를 주머니에 잘 넣었다.

집으로 가는 길에도 에블린과 나는 마음이 진정되지 않았다. 조수석에 앉은 에블린은 뒤쪽으로 몸을 돌려 앉고, 나는 에블린과 편하게 말하려고 조수석 머리 부분을 잡았다. 놀라움이 가시지 않은 우리는 계속 엠마가 한 이야기에 대해 말했다.

"누구 목소리였을까?"

에블린이 대답했다.

"참 나, 당연히 성모님이지!"

나는 에블린의 말에 반박하며 말했다.

"성모 마리아? 아닐 거야! 어쩌면 외할머니였을지도 몰라."

딜런 오빠가 끼어들었다.

"에블린 말이 맞는 거 같아. 사람들이 신비체험을 할 때, 장미 향기를 맡았다는 이야기를 들은 적이 있어. 성모님일 거야."

묵주알 두 개를 만지작거리며 내가 말했다.

"그래서 엠마가 가지고 있던 묵주알에 성모님과 관련된 어떤 특별한 힘이 있다고 생각하는 거야?"

에블린이 대답했다.

"힘은 몰라도 특별하다는 생각이 들어."

언제나 비평하기를 좋아하는 딜런 오빠가 말했다.

"어쩌면 엠마의 상상일 수도 있어. 잠재의식 속에 그 구슬이 묵주알이었다는 것을 알고 있었을지도 몰라. 끔찍한 사고를 당하면서 잠재의식이 깨어난 거야. 그래서 장미 향기를 맡고 여자 목소리를 듣는 꿈을 꾼 거야."

잠시 생각에 잠겼다가 내가 말했다.

"에블린 말이 맞는 거 같아. 이 묵주알은 특별해. 이 묵주알이 생명을 구한 거야. 지금 특별한 일이 일어나고 있어. 나머지 묵주알을 찾아야 왜 이런 일이 일어나는지 알 수 있어."

 집으로 가는 내내 들떠있던 에블린과 나는 전단지에 쓸 내용과 어떤 신문에 광고를 낼 것인지에 대해 끊임없이 얘기했다. 그런데 집이 가까워지면서 당장 의논해야 할 것이 있다는 것을 깨달았다.

 에블린이 말문을 열었다.

 "이 이야기를 부모님에게 해야 한다고 생각해."

 내가 즉시 반대했다.

 "안 돼. 우리 엄마가 얼마나 화낼지 알기나 해? 우리가 거짓말을 하고 댄빌까지 갔다 온 것을 알게 되는 날에는 평생 외출 금지령을 내릴 거야."

 내 말에 딜런 오빠가 맞장구를 쳤다.

 "나는 너희들 문제에 말려들 수 없어. 너희들을 도와준 것뿐이라고. 그런데 이제 와서 태도를 바꿔 자백하면 안 되지. 평생 외출 금지는 아니더라도 최소한 일주일 외출 금지는 분명해. 그렇다면 나는 이번 주말에 약속이 있어서 곤란해."

 나는 에블린을 정말 좋아한다. 내 또래라면 누구라도 바라는 최고의 친구일 거다. 하지만 가끔 천사의 모습을 할 때면 진심으로 다른 사람과 바꾸고 싶다. 지금이 바로 그렇다.

 에블린이 확고부동한 태도로 깊숙이 앉으며 말했다.

"그래도 난 부모님께 거짓말할 수는 없어. 미안해, 만일 내 도움이 계속 필요하다면, 부모님께 사실대로 말해야 해."

좌절감으로 신음이 나온다. 이 일을 혼자 하고 싶지는 않다. 좋다, 나 혼자가 아니다. 첼시와 엠마가 도와주겠다고 하지 않았는가! 하지만 에블린 없이 될까?

결국 나는 작게 웅얼거렸다.

"알았어."

아무 대답이 없자 다시 큰 소리로 말했다.

"알았다고. 부모님께 말하자. 하지만 다음부터 그렇게 천사인 척하려면 미리 알려주면 좋겠어!"

에블린이 대답할 새도 없이 딜런 오빠가 급히 핸들을 꺾으며 말했다.

"너희들 부탁을 들어주는 건 이게 마지막이다. 부모님에게 말하는 것 말고 다른 방법을 생각하지 않는다면 앞으로 재미없을 거야."

에블린이 크게 헛웃음을 쳤다.

"아하! 그래서 오빠는 어땠지? 엄마 아빠에게 거짓말할 때마다 들켜서 오빠도 곤란했잖아. 바로 몇 주 전에도 그런 일이 있었고."

차가 흔들리자 잡을 곳을 더듬으며 에블린이 계속 말했다.

"충고 고마워. 오빠의 실수를 통해 내가 배우는 게 있어. 거짓말을 계속하다 보면 결국 문제만 더 심각해지고 벌도 더 커진단 말이지. 부모님은, 모든 걸 말하면 솔직히 말해 줘서 고맙다고 할 거야. 희망 사항이지만 벌도 가혹하지 않을 거야."

에블린이 눈을 깜박거리며 천사 같은 미소로 나를 돌아본다. 에블린의 표정을 보자 속이 약간 울렁거렸다.

"부모님께 사실대로 말하자. 그리고 네 말이 맞아. 어쩌면 우리는 외출 금지를 당하겠지. 첼시와 엠마가 전단지 만드는 것을 도와준다고 한 건 잘된 일인 것 같아. 우리는 한동안 외출하지 못할 테니 말이야."

겁쟁이라고 한다 해도 혼자서 부모님께 말씀드리고 싶지 않다. 오늘 엄마가 그웬은 소프트볼 연습하는 곳에, 폴은 야구 연습장에 데려다줄 것이다. 에블린 집에 도착하자, 나는 엄마에게 전화를 해서 동생들을 데려다주고 나를 데리러 와줄 수 있는지 물었다. 엄마가 외숙모와 있을 때 에블린과 딜런 오빠와 함께 말할 계획이다. 마치 판사와 배심원 앞에 서듯 말이다. 엄마는 외숙모보다 엄격해서 엄마의 즉흥적인 벌을 외숙모가 좀 가라앉혀 줄 것이다. 분명히 엄마는 나에게 평생 외출 금지령을 내릴 것이다.

에블린과 나는 숨을 죽이고 에블린 방에서 엄마가 도착하기를 기다렸다. 정적이 감돈다. 「파리대왕」을 읽고 있는데 집중할 수가 없다. 다가올 일을 생각하면 속이 울렁거린다.

아래층에서 나를 부르는 엄마의 목소리가 들린다. 우리는 딜런 오빠의 방문 사이로 고개를 들이밀고 오빠에게 때가 됐다는 것을 알렸다. 우리 셋은 천천히 계단을 내려갔다.

엄마와 외숙모가 부엌에서 이야기를 나누고 있다. 결국 에블린이 헛기침을 하고 말을 꺼냈다.

"할 말이 있어요."

엄마와 외숙모가 서로의 얼굴을 보더니 우리를 바라본다. 외숙모는 딜런 오빠가 나와 에블린과 함께 있는 것에 약간 놀란 눈치다.

항상 침착한 외숙모가 제안했다.

"그럼 편하게 말하도록 거실로 가자."

모두 거실로 갔다. 엄마와 외숙모는 팔걸이의자에 앉고 우리는 벽난로 앞에 섰다. 나는 고개를 숙인 채 손만 보고 있다가 내가 말을 꺼내야 할 것 같아 입을 열었다.

"사실은 오늘 쇼핑간 게 아니었어요."

엄마와 외숙모가 동시에 눈썹을 추켜올리며 내 말을 기다린다.

어떻게 해야 이야기를 잘 전할 수 있을지 생각하느라 잠시 시간이 흘렀다.

"지난 토요일에 외할머니 추모식이 끝나고 갔던, 댄빌에 있는 레스토랑에 갔었어요."

"케이트, 거짓말한 거니? 그게 얼마나 심각한지 알지!"

엄마가 화를 냈다.

"엄마, 알아요. 나는 그러고 싶지 않았는데…. 아니, 우리는 정말 그러고 싶지 않았는데…."

나는 에블린과 딜런 오빠를 보고 나서 말을 이었다.

"나도 무슨 일이 있는 건지 충분히 알지 못해서 말하지 못했어요. 이상한 일이 있었어요. 그 들판에서 모두 묵주기도를 할 때 숲 안으로 갔어요. 마치 무엇인가에 이끌리듯이. 이유는 모르겠지만 발을 떼는 순간 그곳으로 가야 할 것 같았어요."

"케이트, 그게 거짓말하고 무슨 상관이니?"

엄마의 눈에서 두려움과 분노가 섞인 불꽃이 번쩍인다.

"계속 말하게 해줘요."

나는 불쑥 이렇게 말해놓고 잠시 정신을 가다듬고 말을 이었다.

"나무들이 있는 곳에 다다랐을 때, 보랏빛 꽃이 가득 피어있었어요. 외할머니가 꽃을 얼마나 좋아하셨는지 알죠?

발밑을 보는데 꽃잎 사이에 뭐가 반짝이는 게 있어서 그걸 집었는데 그게 뭐였는지 알아요?"

나는 마치 대답을 기다리듯 잠시 말을 멈추었다.

"외할머니의 묵주에서 떨어진 묵주알이었어요. K M R. 내 묵주알."

외숙모는 말문이 막힌 표정을 지었고, 엄마는 손을 입에 가져다 댔다.

"그래서 그곳에 그렇게 오래 있었던 거예요. 나도 도저히 믿기지 않았어요. 그리고 우리가 레스토랑에 갔을 때, 선물 가게에서 일하는 첼시라는 아이를 만났어요. 내가 묵주알을 보고 있는 것을 보더니 내게 그것이 무엇인지 물어서 말해주었는데 더 이상한 일이 있었어요. 언젠가 첼시가 그 묵주알과 똑같은 구슬을 발견하고는 그것을 친한 친구인 엠마에게 주었다고 했어요. 그 친구의 이니셜, E M L이 그 구슬에 새겨져 있었기 때문이에요."

엄마가 의자 깊숙이 몸을 기대고 눈을 감자 외숙모가 손을 뻗어 엄마의 손을 잡았다. 외숙모의 눈에 눈물이 그렁그렁하다. 외숙모는 외할머니가 친정어머니는 아니지만, 우리 못지않게 외할머니를 그리워했다.

나는 이야기가 잘 전달되기를 바라며 잠시 기다렸다. 그러자 외숙모가 먼저 물었다.

"E M L이라면 리즈 이모의 묵주알이지?"

"네."

이때, 에블린이 끼어들었다.

"우리가 어젯밤에 리즈 고모에게 전화했어요. 고모가 우리를 댄빌에 데려다주면 묵주알도 되찾고 엠마 이야기도 함께 들으려고요. 그런데 고모에게 전화가 오지 않았어요."

외숙모가 깜짝 놀라며 미안한 듯 말했다.

"참, 고모가 어제 전화했었어. 내가 통화 중일 때 전화가 들어왔는데 까맣게 잊고 있었네. 미안하구나."

"괜찮아요. 딜런 오빠가 데려다줬으니까."

엄마가 말했다.

"하지만 너희들이 거짓말한 것에 대한 이유가 못 돼."

나는 어깨를 들썩이고 나서 말했다.

"알아요. 괜찮다면 나머지 이야기를 해도 될까요?"

나는 여전히 희망을 품고 말했다. 엄마는 팔짱을 낀 채 고개를 짧게 끄덕이면서도 더는 듣고 싶지 않은 표정을 지었다. 그래도 다시 말하기 시작했다.

"그러니까 첼시가 묵주알에 관해 이야기할 때, 엠마라는 친구가 그 묵주알이 자기 목숨을 구해줬다고 생각한다는 말을 했어요. 처음에 묵주알을 찾으려 한 이유는 그 묵주알이 외할머니 것이고 리즈 이모가 원할 거라고 생각해서예요.

하지만 누군가의 생명을 구했다는 이야기를 듣고는 무슨 이야기인지 알아야만 했어요."

엄마는 끝까지 고집스럽게 물었다.

"다시 말하지만, 그게 거짓말한 이유가 될 수 없어. 왜 미리 말하지 않았니?"

달아나고 싶다. 외숙모와 에블린 그리고 딜런 오빠 앞에서 정말 이 말을 하고 싶지 않지만, 나는 엄마의 시선을 피하며 말했다.

"외할머니가 타신 비행기 추락 사고 뒤로 엄마는 정말 너무 많이 변했어. 슬픔에 빠져있고 항상 화가 나있잖아."

나는 사람들을 불편한 듯 바라보았다. 내 비밀을 나누고 싶지 않지만 정면 돌파하자. 다들 엄마가 변한 것을 알고 있다. 모르는 걸 말하는 것이 아니지 않는가.

엄마의 굳은 얼굴을 슬쩍 훔쳐보고는 얼른 시선을 내렸다.

"엄마가 안 된다고 할까 봐 두려웠어. 다 바보 같은 짓이고 시간 낭비라고 할까 봐 두려웠다고. 그리고 아빠한테 말하면 엄마한테 말하라고 할 것이 뻔하니까. 그래서 에블린한테도 아무에게 말하지 말라고 한 거야."

눈물을 참고서 작은 소리로 말했다.

"잘못했어요."

엄마가 조용하다. 내가 너무 많은 말을 한 것 같다.

"케이트, 집에 가서 이야기하자."

엄마는 외숙모에게 굳은 표정으로 인사를 하고는 빠른 걸음으로 방을 나갔다. 나는 계속 흐르는 눈물을 보이지 않으려고 고개를 숙인 채 엄마를 따라갔다. 하지만 외숙모의 눈길은 피할 수 없었다. 외숙모가 내게 오더니 나를 안아주며 말했다.

"케이트, 괜찮을 거야."

외숙모 품에 안기자 외숙모의 옷으로 내 눈물이 스며들었다. 외숙모가 내 어깨에 손을 얹고는 내 얼굴을 보며 말했다.

"어쩌면 지금 일어나는 일이 너희 엄마에게 필요하고 도움이 될지도 몰라."

외숙모가 다시 나를 안아주며 말했다.

"케이트, 엄마를 위해 기도하렴. 나도 기도할게."

나는 외숙모를 향해 고개를 끄덕이고, 에블린과 딜런 오빠에게 작은 소리로 인사를 하고서 가방을 들고 나왔다. 엄마가 차 시동을 걸어놓고 핸들을 잡고 기다리고 있다. 엄마는 내가 차에 타는데도 쳐다보지 않는다. 집에 도착할 때까지 무거운 침묵이 흘렀다.

잃어버린 묵주알을 찾아서

집에 도착해 자동차 문을 여는데 엄마가 말한다.

"동생들 데리러 가야 하니까 방에 들어가 있어. 나중에 네 방에서 보자."

배 속에서 꼬르륵 소리가 난다. 그리고 보니 저녁도 먹지 않았다. 하지만 지금 그것을 따질 만큼 바보는 아니다. 곧바로 내 방으로 올라갔다.

노란 털을 가진 우리 집 개, 앰버가 내 기분을 알았는지 조용히 따라다닌다. 도서관에서 빌려온 책을 꺼내 침대 위에서 무릎을 세워 베개를 받치고 펼쳐놓았다. 가끔씩 앰버의 머리를 쓰다듬으며 책에 집중하려 해도, 외숙모가 한 말이 맴돈다.

엄마를 위해 기도하라고? 말이 돼? 왜 그래야 하는데? 엄마도 나를 위해 기도하지 않는데. 엄마는 계속 화가 나있고, 어떤 좋은 말도 하지 않고, 온통 자기 감정에만 빠져있잖아. 외할머니를 잃었다고 해서 왜 그래야 하는데? 우리 가족이 상처받는 걸 모르나? 엄마만 외할머니가 그리운 게 아니잖아. 나도 외할머니가 얼마나 멋진 분이었는지 말할 수 있어야 하잖아. 외할머니의 엉뚱한 행동을 이야기하며 웃을 수 있어야 하잖아. 과자를 굽던 사람은 외할머니가 아니라 늘 외할아버지였다는 것을 추억하고, 엠앤엠즈 초콜릿을 먹을 때면 날마다 외할머니가 한 봉지씩 직접 사다 드신 것을 기억하고 싶다고. 그런데 그럴 수 없잖아. 엄마 때문에 그럴 수 없다고. 엄마는 그런 것을 다 막아버렸어. 아니 모든 사람을 다 막아버렸어. 젠장, 정말 화가 나! 그러니까 싫어! 나는 엄마를 위해 기도하지 않을 거야! 암튼 내가 누군가를 위해 기도할 사람도 아니고, 분명한 건 이제 와서 기도를 하지도 않겠다고. 엄마를 위해 절대로 기도하지 않겠다고!

또 눈물이 흐른다. 이젠 이런 나에게 화가 난다. 더는 엄마이기를 포기한 엄마한테 매달려 괴로워하는 내가 밉다. 아주 세게 침대를 내리쳤다. 그래도 기분이 나아지질 않는다. 이번엔 베개다. 별로 도움이 안 된다. 방을 가로질러 책을 던졌다. 제 성질을 못 이기는 세 살짜리 아이 같은 내 행동이 바보스럽다.

방문을 두드리는 소리가 나더니 문 사이로 그웬이 얼굴을 내민다.

"언니, 괜찮아?"

그웬을 향해 베개를 던지며 소리 질렀다.

"신경 쓰지 마!"

그웬이 얼굴을 피하며 문을 쾅 닫고 소리쳤다.

"알았어. 맘대로 해!"

'쿵쿵쿵' 그웬이 걸어가는 소리가 난다.

1시간쯤 지나 어느 정도 책에 집중하고 있는데 내 방을 향한 묵직한 발소리가 들리더니 아빠가 침착한 목소리로 물었다.

"케이트, 들어가도 되니?"

목이 메어 대답할 수 없다.

아빠가 다시 부른다.

"케이트?"

아빠가 천천히 문을 열고 들어와 책상 위에 있는 각 티슈를 들고 침대 모서리에 앉았다.

"무슨 일이 있었는지 엄마한테 들었어."

나는 아직 말할 준비가 되지 않았다.

아빠가 내 무릎을 잡으며 말했다.

"케이트, 무슨 일을 하는지 어디로 가는지 우리에게 말했어야지. 엄마 아빠에게 거짓말을 해서는 안 돼."

나는 팔로 무릎을 감싸 안으며 말했다.

"엄마한테 말할 수 없었어요. 만일 그랬다면 모든 것이 내 상상이고 꿈을 꾸는 거라고 하면서 바보 같다고 했을 거예요."

"케이트, 엄마는 지금 힘든 시간을 보내고 있어. 하지만 절대로 너에게 바보라고 말하지 않았을 거야. 엄마가 최근에는 잘 표현하지 않았지만, 엄마는 너를 사랑해."

"알아요. 하지만 지금은 그 말도 믿기 어려워요. 어쨌든 나는 엄마에게 모든 것을 말했는데, 이제 엄마는 나한테 말도 하지 않잖아요."

아빠가 잠시 창밖을 내다본다.

"케이트, 언젠가는 부모님이 돌아가신다는 것을 알지만 외할머니가 그렇게 돌아가실 거라고는 누구도 생각지 못했어. 엄마는 그걸 받아들일 준비가 되지 않은 거야. 우리 모두 준비되지 않았지. 물론 네가 몹시 힘들다는 걸 알아. 아빠는 네가 이런 일을 겪지 않았더라면 좋았겠다고 생각해. 하지만 엄마를 기다려 줘야 해. 분명히 엄마는 모든 걸 극복하고 예전의 모습으로 돌아올 테니 조금만 참자. 알겠지?"

아빠가 내 손을 잡고 말했다.

"대신 아빠가 좀 더 잘하도록 노력할게. 회사 일은 줄이고 집에 더 많이 있을 거야. 너희들과 더 많은 시간을 보낼 거야. 그럼 좀 낫겠니?"

나는 훌쩍이며 고개를 끄덕였다.

"좋아, 그럼 이제 네가 거짓말한 그 일에 대해 들어보자."

아빠가 내 턱을 들어 올리자 아빠 얼굴이 마주 보였다.

"그런데 엄마와 아빠가 동의하는 게 있어. 네 행동에 따른 책임으로 너는 일주일 동안 외출할 수 없단다."

아빠 목소리가 부드러웠기에 화가 난 것이 아님을 알 수 있다. 일주일 외출 금지 정도는 가벼운 편이다. 나는 어깨를 들썩이고 나서 고개를 끄덕였다. 아빠를 계속 보고 있는 것이 불편해서 고개를 숙이자 배 속에서 꼬르륵 소리가 났다.

아빠가 웃으며 말했다.

"아직 저녁 안 먹었구나."

내가 살짝 웃으며 고개를 끄덕이자, 아빠가 일어서며 손을 내밀었다.

"그래, 내려가서 먹을 것이 있는지 보자."

아빠의 손을 잡고 일어서자, 아빠가 어미 곰처럼 나를 안아준다. 기분이 좋아지면서 마음이 편해진다. 아빠 말이 맞다. 모든 게 잘될 거다.

아빠가 샌드위치를 만들어 주는 동안, 나는 포도를 먹으며 묵주알을 발견한 날에 관해 이야기를 했다. 그리고 엄마와 외숙모에게 미처 다하지 못한 엠마의 차 사고에 관한 이야기도 했다. 그리고 에블린과 내가 나머지 구슬을 찾고자 한다는 것과 첼시와 엠마가 도와주기로 한 것도 모두 말했다.

"케이트, 아빠도 좋은 생각이라고 봐. 아빠도 도울게."

아빠가 마요네즈를 바르던 나이프를 내려놓으며 말했다.

"너희들은 광고지에 무엇을 넣을지 생각해 봐. 그러면 아빠 회사의 그래픽디자이너에게 광고지를 만들어 달라고 부탁할게."

아빠가 샌드위치를 접시에 담아 건네준다.

"원하면 아빠 사무실에 와서 디자이너에게 어떻게 만들고 싶은지 말해도 좋아. 그러면 디자이너가 그대로 만들어 줄 거야. 어때?"

"정말요?"

방금 입에 문 샌드위치가 목에 걸릴 뻔했다.

"좋은 생각이에요. 언제가 좋을까요?"

아빠가 다니는 회사의 디자이너라면, 내가 직접 만드는 것보다 훨씬 세련된 광고지를 만들 수 있을 것이다.

"글쎄, 네가 외출 금지니까 풀릴 때까지 기다려야지. 그리고 아빠는 다음 주까지 회사의 중요한 일을 마무리해야 해. 아마 목요일이면 다 끝날 거야. 금요일에 수업이 끝나고 아빠 사무실로 오면 어떨까? 엄마가 널 데려다줄 수 있는지 한번 보자."

엄마가 데려다주는 건 좀 불편하지만 너무 기대된다.

샌드위치를 다 먹고 나서 광고지에 대해 의논하기 위해 에블린에게 전화를 걸었다.

"케이트, 괜찮아? 너희 엄마 화 많이 나셨잖아."

"응, 엄마는 나한테 방에 올라가 있으라고 하고는 아무 말도 하지 않아. 너는 별일 없었어?"

"별일 있었지. 딜런 오빠와 나, 둘 다 일주일 동안 외출 금지야. 너는?"

"나도 마찬가지야. 그런데 아빠 회사의 그래픽디자이너가 광고지 만드는 걸 도와줄 거야."

에블린이 소리쳤다

"정말? 너무 잘됐다!"

"그러게 말이야. 아빠가 일정을 확인해 본다고 했어. 다음 주 금요일 수업이 끝날 때쯤으로 생각하고 계셔. 그러니까 우리는 광고지에 무엇을 넣을지 생각해 놔야 해. 도와줄 거지?"

나는 광고지에 넣을 문구를 만들기 위해 컴퓨터가 있는

아래층으로 내려가서 에블린과 상의를 했다. 결국 우리는 다음과 같이 하기로 했다.

잃어버린 묵주알을 찾습니다.
비행기 추락 사고로
사랑하는 사람을 잃은 가족에게 매우 소중한 것입니다.
은으로 된 묵주알에 이니셜과 십자가가 새겨져 있습니다.
묵주에 달려있던 십자가와 메달도 함께 찾습니다.

나는 문구 아래에 내 이메일 주소와 전화번호를 적고 나서, 흡족한 마음으로 아빠에게 파일을 보냈다.
에블린이 새로운 소식을 전해준다.
"우리 엄마가 리즈 고모에게 전화했어. 고모는 시카고 공항에서 전화를 받았는데, 덴버로 돌아가는 길이었대. 고모의 묵주알을 발견했다고 하니 고모가 아주 좋아하셨어. 하지만 잃어버릴 수 있으니까 우편으로 보내지는 말래. 다음 달 부활절에 맞춰서 올 때까지 네가 가지고 있으라고 하셨어."
에블린이 계속 말했다.
"엄마가 요셉 삼촌에게도 전화했어. 엄마는 묵주알을 찾은 것에 대해 삼촌이 어떻게 생각하는지 알고 싶어 해. 신부님이니까."

"좋은 생각이다. 그런데 삼촌이 뭐라고 하셨어?"

"음, 네가 직접 삼촌과 이야기하는 게 좋을 것 같아. 엄마 말에 의하면 삼촌이 걱정하시는 게 좀 있대. 묵주알이 어떤 요술을 부린다고 생각할까 봐 그러신 것 같아. 묵주알 자체에 어떤 힘이 있는 게 아니라는 거지. 요셉 삼촌은 할머니가 늘 성모님과 가까웠다고 말씀하시면서 아마 누구든 그 묵주알을 갖는 사람을 위해 성모님과 할머니가 함께 기도할 거라고 하셨어. 삼촌은 그 힘이 기도에서 오는 거라고 하셨어. 하느님은 언제나 우리의 기도를 듣고 계시기 때문이래. 그 말이 맞는 것 같지 않아?"

그 말이 맞는지 확신할 수 없지만 나는 그저 이해한다는 듯이 대충 대답했다. 전화를 끊고 내 방으로 올라갔다. 책상에 앉아 목에 걸려있는 목걸이를 빼서, 손바닥 위에 두 개의 묵주알을 올려놓고 한참 동안 굴렸다.

"외할머니."

조용히 외할머니를 불러보았다.

"제 말을 듣고 계신지 모르지만, 전 정말 외할머니가 그리워요. 외할머니가 저희 곁에 계셨으면 좋겠어요."

잠시 말을 멈추었다가 다시 말했다.

"성모님과 함께 기도하고 계시나요? 성모님과 외할머니

가 엠마를 자동차 사고에서 구해주셨나요?"

외할머니의 대답을 기다리는 것처럼 잠시 말을 멈추었다.

"제가 묵주알을 발견하도록 외할머니가 이끄셨나요? 왜요?"

궁금한 게 너무 많다.

"나머지 묵주알을 찾도록 도와주실 건가요?"

마치 외할머니가 하늘에서 나를 보고 계신 것처럼 천장을 올려다보았다.

"나머지 묵주알을 찾도록 도와주세요."

그리고 마지막으로 간절하게 속삭였다.

"엄마 좀 도와주세요. 엄마는 정말 외할머니의 도움이 필요해요."

나는 한참 동안 생각에 빠져있었다. 순간 묵주알 두 개를 내가 다 가지고 있는 게 옳지 않다는 생각이 들었다. 에블린도 이 일에 함께하고 있다. 그러니 최소한 리즈 이모에게 돌려줄 때까지 묵주 한 알은 에블린이 가지고 있어야 할 것 같다. 이니셜 세 개 가운데 두 개는 에블린의 이니셜과도 같다. 나는 얼른 보석함에서 목걸이 줄을 꺼내 리즈 이모의 묵주알을 끼웠다. 그리고 내일 학교에서 에블린을 만나면 주려고 가방에 넣었다.

묵주알을 찾아서

어제보다 더 쌀쌀하고 추적추적 비가 내리는 아침이다. 늦게 일어난 탓에 샤워는 건너뛰고 대충 양치질과 세수를 하고 나서 머리를 뒤로 묶었다. 교복인 셔츠와 카키색 치마를 재빨리 입으며, 무엇을 입을지 걱정할 필요가 없는 것에 대해 다시 한번 감사한 마음이 들었다.

옷장 선반 위에 둔 땀복 상의를 잡아 빼서 입으며 계단을 달려 내려갔다. 가방을 머리 위로 하고 차를 향해 빗속을 달렸다. 차 안에는 이미 엄마와 동생들이 기다리고 있었다. 엄마가 말없이 후진하여 진입로를 빠져나간다. 아직도 엄마는 내게 화가 나있다.

폴과 그웬을 먼저 내려주고 길 건너편에 있는 우리 학교로 가면서도 엄마는 아무 말이 없다. 차 안까지 귀가 먹먹하도록 들리는 빗소리 덕분에 침묵이 덜 어색하다. 창밖을 보며 딜런 오빠가 에블린을 태워다 줄지, 에블린이 이 빗속을 걸어올지 궁금해하며 생각에 잠겼다.

학교 사물함 앞에서 에블린을 만났다. 우산을 들었는데도 에블린의 옷이 흠뻑 젖었다. 성격이 시원시원한 외숙모는 '자신이 학교에 걸어 다녔으니, 에블린도 걸어 다닐 수 있다'는 원칙을 고수한다. 에블린의 집에서 학교까지는 몇 블록 되지 않지만, 이런 폭우 속을 걸어오는 건 너무 잔인하다.

에블린이 물이 뚝뚝 흐르는 우산을 사물함에 넣고, 젖은 머리카락을 얼굴에서 떼어내며 한숨을 쉰다. 틀림없이 기분이 안 좋을 것이다. 최소한 젖지 않은 무언가를 입어야 할 것 같아서, 나는 말없이 땀복을 벗어 에블린에게 건네주었다.

에블린이 고맙다고 말하며 재빨리 땀복으로 갈아입고 두 팔을 부빈다. 마침 가방에 넣어 둔 목걸이가 생각나서 목걸이를 꺼내 에블린의 손바닥에 놓으며 말했다.

"리즈 이모에게 돌려줄 때까지 갖고 있어. 그리고 네 묵주알도 찾자."

에블린을 보며 미소짓자 에블린이 크게 웃으며 말했다.

"정말? 지금까지 내 묵주알을 찾을 생각은 해보지 않았네. 왠지 우리가 묵주알을 찾을 것 같은 느낌이 들어."

내가 대답했다.

"분명히 그럴 거야."

그때 종이 울렸다.

"어머, 가자!"

그제야 수업에 늦은 걸 깨닫고, 우리는 책을 들고 뛰었다.

금요일을 애타게 기다리는데 시간이 정말 느리게 간다. 금요일이 되어야 아빠 사무실에 가서 광고지를 만들 수 있을 텐데 말이다.

묵주알을 찾아서

화요일에는 첼시에게 전화를 걸어 광고지에 대한 소식을 전하고 신문 광고에 대해 물어보았다. 첼시는 매주 발행되는 지역 신문이 좋겠다고 알려주었다. 수요일에 신문사에 전화해 보니, 이미 마감일이 지났고, 그다음 가장 빠른 날은 다음 주 금요일이라고 했다. 에블린과 외숙모가 광고 웹사이트인 '크레이그리스트'를 생각해 내어 즉시 광고를 올렸지만 아직 소식이 없다.

드디어 금요일이다. 수업이 끝나자 엄마가 아빠 사무실로 데려다주었다. 지난 월요일 이후로 엄마는 내게 말도 하지 않는다. 아니 누구와도 그 문제에 대해 이야기하지 않는다. 묵주알이 엠마의 생명을 구하게 된 이야기를 듣고 싶어 하지 않는다는 것이 믿기지 않는다. 아빠가 엄마에게 이미 말해준 걸까?

또다시 외할머니가 돌아가시기 전의 엄마로 돌아와 주기를 간절히 바라는 마음이 밀려든다. 예전에 엄마는 우리가 하는 모든 일에 함께했다. 내 문제를 들어주고 조언해 주면서 엄마 생각을 강요하지 않았다. 우리는 게임하는 날, 영화 보는 날, 하이킹하는 날, 가족 저녁 식사 시간을 따로 마련했다. 하지만 외할머니가 돌아가시고 모든 것이 멈췄다.

나는 약간 어색해하며 아빠 회사의 데스크로 갔다. 비서가 아빠에게 내가 도착한 것을 알리자, 곧 아빠가 나오며 물었다.

"오늘, 어떻게 지냈니?"

"불어 시험을 봤는데 잘 본 것 같아요."

"우리 딸이 학교생활을 잘해서 엄마와 나는 네가 자랑스럽단다."

아빠와 그래픽디자인 부서가 있는 쪽으로 갔다. 어질러진 책상들과 예술가처럼 보이는 사람들이 가득하다. 그 가운데 고양이 안경을 쓰고, 빨간 곱슬머리가 흘러내리지 않도록 올림머리를 한 여자분에게 다가가자 그녀가 나를 올려다보며 웃는다. 그녀가 자리에서 일어나 나에게 악수를 청했다.

"안녕, 네가 케이트구나. 나는 나탈리야."

나는 마주 잡은 내 두 손을 쳐다보며 "안녕하세요?" 하고 인사하다가 내 태도를 의식하고는 나탈리 언니의 눈을 쳐다보면서 말하려고 노력했다.

"만나서 반가워. 아주 흥미로운 프로젝트 같았어."

나탈리 언니가 웃으며 말했다.

아빠는 나탈리 언니에게 나를 맡기고 나갔다. 언니가 의자를 끌어다가 앉으라고 권했다. 내가 자리에 앉자 나탈리 언니가 초안을 잡은 광고지를 꺼낸다. 칸막이로 둘러싸인 언니의 공간을 살펴보니, 크고 멋져 보이는 컴퓨터 화면 왼쪽으로 십자가가 눈에 들어왔다. 그리고 그 근처에는 유치원에서 배운 성 프란치스코 기도문이 있었다. "저를 평화의 도구로 써주소서…." 미사 드릴 때 자주 부르는 성가이기도 하다.

나탈리 언니의 따뜻한 환대와 웃음에 이미 마음이 편안해졌지만, 십자가와 기도문을 보면서 무언가 통하는 사람과 함께한다는 것에 깊은 안도의 숨이 나왔다. 가톨릭 신자가 아닌 아빠가 나탈리 언니와 광고지를 만들게 하다니, 얼마나 멋진 일인가. 한편 전에는 별 의미 없이 지나친 것에 이토록 반가워하는 내 모습이 우습기도 하다.

나탈리 언니가 파일을 열며 말했다.

"우선 너희 외할머니에 대해 나도 정말 마음 아프게 생각하고 있어. 나도 작년에 외할머니가 돌아가셔서 얼마나 힘든지 알거든."

나는 눈을 깜박이며 눈물을 참았다. 친절한 말 한마디가 이토록 감동을 준다는 게 놀랍다.

나탈리 언니가 말을 이었다.

"너희 외할머니는 기도의 힘을 믿으신 정말 특별한 분인 거 같아. 묵주알 찾는 것을 도울 수 있어서 영광이야. 그럼 이제 광고지를 함께 볼까?"

몇 시간 동안 우리는 배경을 만들고, 광고 문안을 여러 가지 글자 모양과 크기로 만들어 보기도 하고, 적당한 무늬를 넣어보기도 했다. 또 묵주알 사진을 넣었다. 마침내 사람들의 눈길을 끌 만한 멋진 광고가 완성됐다. 그런데 마지막에 나탈리 언니가 한 말이 나를 무척 놀라게 했다.

"다 된 것 같아. 마지막으로 가장 중요한 일이 남았어. 바로 기도야."

언니는 고개를 숙이고 손을 모으더니 성호경을 그었다.

"하느님 아버지, 케이트에게 외할머니의 묵주알을 찾을 수 있는 은총을 주셔서 감사합니다. 저희는 묵주알이 당신의 현존과 선하심의 증거라는 것을 믿습니다. 주님, 당신의 뜻이라면, 케이트의 이 사명을 축복해 주세요. 사람들이 광고를 보고 마음 안에 기억하도록, 특히 잃어버린 묵주알을 발견한 사람들을 이끌어 주십시오. 복되신 성모 마리아님, 묵주기도가 당신의 아들, 주 예수 그리스도를 위하여 영혼을 구하는 싸움에서 커다란 무기라는 것을 알고 있습니다. 묵주는 케이트의 외할머니가 가족을 위해 드렸던 사랑에 찬 기도를 기억시켜 줍니다. 케이트가 묵주알을 찾을 뿐 아니라 그 묵주알로 인해 상실의 아픔에서 벗어나 평화를 얻도록 도와주세요. 성모님에게서 묵주를 받으신 성 도미니코, 저희를 위하여 빌어주소서. 잃어버린 물건을 찾아주시는 성 안토니오, 저희를 위하여 빌어주소서."

나탈리 언니와 함께 기도하고 나서 잠시 조용히 있었다. 희망이 생긴다. 기도하기 전에는 건초더미에서 바늘을 찾고 있는 느낌이었다면, 지금은 많은 협력자를 얻은 느낌이다.

집으로 가는 길에 아빠가 다음 주 초에 광고지를 붙일 수 있도록 댄빌에 데려다주겠다고 했다. 아빠 말에 마음이 한껏 부풀어 있는데, 아빠가 엄마에게서 문자메시지를 받았다.

'쇼핑하러 가요. 폴은 라이언 집에서, 그웬은 소피 집에서 자고 올 거예요. 그리고 냉동실에 피자 있어요.'

아빠가 내 무릎을 살짝 두드리며 말했다.

"비디오도 빌리고 팝콘도 사면 어떨까? 영화는 네가 골라라."

아빠가 기대된다는 듯이 나를 바라보지만, 아빠도 나만큼 옛날의 엄마가 그리울 것이다. 사실, 오늘밤 친구들과 극장에 가기로 했다. 하지만 이미 본 영화라서 아빠와 집에 있어도 그리 손해 볼 일은 없다. 아빠와 비디오 빌리는 곳에 들러서 극장에서 보지 못한 영화를 골랐다. 아빠는 팝콘과 특별한 경우에만 허락되는 탄산음료도 샀다. 엄마는 절대로 탄산음료를 사지 않는다.

아빠와 내가 피자와 팝콘을 사이에 두고 소파 양쪽에 자리 잡고 영화를 보는데 엄마가 들어왔다. 재밌는 장면에서 깔깔대던 웃음소리가 문이 열리는 소리와 동시에 멈췄다. 아빠를 힐끗 쳐다보니, 아빠의 시선은 영화에 고정되어 있다.

"책을 샀어. 위층에서 읽을게."

아빠는 유쾌한 표정을 지으려 하지만 엄마의 말에 어떻게 반응해야 할지 갈등하는 것 같다.

엄마의 단조로운 목소리가 들리더니 위층으로 사라졌다.

다시 아빠를 보았다. 아빠의 입술이 언짢은 듯 굳게 닫혔고 턱도 굳어있다. 계속 영화를 보고 있지만 더는 웃지 않고 각자 생각에 잠겼다.

예전의 엄마가 생각난다. 엄마는 금요일 밤을 그냥 넘기는 법이 없었다. 오늘처럼 영화 보는 날을 직접 계획하고 피자 만들기 파티와 팝콘 먹기 시합으로 마무리하곤 했다.

눈물이 고인다. 힘없이 앰버에게 팝콘 하나를 던져주자, 앰버가 잽싸게 뛰어오른다. 간신히 웃음이 나왔다. 거실 바닥으로 내려앉으며 앰버를 향해 팔을 벌렸다. 앰버는 자기가 가장 좋아하는 자리인 내 무릎 위에 삼십 킬로그램이나 되는 무게를 싣는다. 앰버의 부드러운 목덜미에 얼굴을 파묻고, 이 순간이 지나갔으면 좋겠다는 생각을 했다. 외할머니의 묵주알 때문에 엄마와 더 멀어진 것이라면, 차라리 묵주알을 발견하지 않았더라면 좋을 뻔했다. 지금이라도 묵주알 찾는 것을 중단하는 게 나을지 의심이 든다.

　아빠가 조용히 일어나서 내 어깨를 감싸고는 올라갔다. 안방 문이 열리고 닫히는 소리가 들리고, 곧이어 엄마 아빠의 목소리가 높아졌다. 나는 볼륨을 높였다. 화면에 집중하려고 해도, 웃긴 장면에서 웃어보려고 해도, 겨우 미소만 지어질 뿐, 얼굴이 점점 굳어진다. 위층이 조용해졌다. 나는 텔레비전을 끄고 조용히 내 방으로 올라왔다. 자고 나면 기분이 한결 가벼워질지도 모르겠다.

　이제 막 씨를 뿌린 들판에 내가 서있다. 근처에는 연둣빛 새싹이 사방으로 펼쳐져 있다. 저 멀리 왼쪽으로 두 사람이 보였다. 발밑의 새싹을 밟지 않도록 조심하면서 두 사람을 향해 걸었다. 그런데 갑자기 연한 새싹이 사라지고 이름 모를 식물이 땅을 뒤덮었다. 그리고 그것들이 빠르게 자라 내 발 주변을 감싸더니 나를 꼼짝 못 하게 했다. 다시 두 사람을 쳐다보니 한 사람이 나에게 손짓하고 있다. 외할머니다. 나는 포도덩굴처럼 내 다리를 휘감고 있는 식물을 풀어가며 걸음을 떼었다.

　갑자기 내가 호숫가에 서있다. 또다시 반대편에는 외할머니와 어떤 여인이 서있다. 여전히 외할머니는 내게 손짓

하고 있다. 나는 물속으로 뛰어들었다. 물 밖으로 머리를 내밀었을 때, 그곳이 호수가 아니라는 것을 깨달았다. 나는 구슬로 된 바다에 떠있다. 구슬이 나를 반대쪽으로 밀어준다. 잠시 후 나는 녹색, 청색, 분홍색, 은색… 모든 빛깔의 구슬 물결을 따라 해안으로 밀려갔다. 뒤를 돌아보니 구슬로 이루어진 거대한 대양이 보인다. 구슬들이 햇빛에 반짝이며 수평선까지 닿아있다. 외할머니에게 뛰어가서 안기고 싶지만 발이 움직이질 않는다. 한 손에 묵주를 든 외할머니가 인자하게 웃고 있다. 외할머니의 다른 손은 파란 드레스를 입은 아름다운 여인의 손을 잡고 있다. 그 여인의 얼굴은 사랑에 싸여있고, 눈은 평화를 속삭이고 있다. 그 여인의 손에도 묵주가 들려있다. 두 사람은 기쁨으로 가득 차 하늘을 바라보며 주님의 기도를 바치고 있다. 내 손에도 외할머니 묵주와 똑같은 묵주가 들려있다. 나도 함께 기도하면서 그들의 기쁨에 함께하려고 했으나 목소리가 나오질 않는다. 도움을 청하려고 외할머니를 보았다. 외할머니가 웃는 얼굴로 내 눈을 보며 말씀하셨다.

"그렇게 될 거야. 케이트, 그렇게 될 거야."

깜짝 놀라서 잠에서 깨니 손에 묵주알을 쥐고 있다. 시계를 보니, 새벽 2시 반이다. 방금 꾼 꿈의 작은 것까지 기억하려고 노력하면서 침대에 그대로 누워있었다. 45분쯤 지나자 다시 잠이 밀려왔다. 오랫동안 느껴보지 못한 평화와 고요함이 찾아왔다. 이제 내가 해야 할 일을 알았다. 나머지 묵주알을 찾아야 한다.

또 하나의 묵주알을 찾았다

화요일, 댄빌에 가서 광고지를 돌리기로 한 날이다. 수업이 끝나고 에블린과 함께 아빠 차에 탔는데 불행히도 폴과 그웬이 타고 있어서 차 안은 만원 버스 같은 데다 그웬이 학교에서 있었던 일을 1분도 쉬지 않고 말하는 바람에 귀가 따가울 정도로 시끄러웠다. 일정은 빡빡했다. 늦은 오후에 그웬은 소프트볼 연습이, 폴은 야구 연습이 있다. 고맙게도 아빠가 우리에게 숙제하는 것을 제안했다. 아빠가 자주 듣는 클래식 음악을 틀자 몇 세기를 거친 음악이 잔잔하게 흘러나오고 그웬이 조용해졌다. 우리는 각자의 숙제에 집중했다. 〈오월의 딸기〉에 도착할 때가 다 되었는데도 숙제가 많이 남아있다.

묵주알을 찾아서

우리는 식당에서 첼시와 엠마를 만나 광고지를 뿌릴 그룹을 나누었다. 엠마와 첼시는 식료품 가게에 가기로 했고, 가는 길에 몇몇 가게와 식당에도 들르기로 했다. 에블린과 그웬과 나는 북쪽 방향, 아빠와 폴은 남쪽 방향에 있는 근처 가게들을 들르기로 했다.

댄빌의 다운타운은 별다른 것이 없어서 시간이 많이 소요되지는 않았다. 빵 가게와 세탁소 등에 들러 광고지를 놓고, 가로등에도 붙였다. 그러고 나서 다시 모여 광고지를 붙일 만한 공공장소가 있는지 함께 둘러보다가 도서관과 역사관을 발견했다. 그래도 광고지가 많이 남아 비행기 추락 사고가 났던 들판 쪽으로 가서 그 근처에 있는 집들 우체통에 넣었다.

이틀은 전화를 기다리느라 전화기 곁을 떠나질 못했다. 날마다 학교에서 돌아오면 전화기로 뛰어가 음성메시지를 확인하고 나서 컴퓨터로 달려가 이메일을 확인했다.

금요일이다. 아직 아무 곳에서도 소식이 없다. 에블린과 우리 집에서 포켓볼을 치고 있었다. 지하실에 있던 무선전화기를 가까이 있는 탁자에 올려놓았다. 내 평생 가장 멋진 슛을 날릴 것 같은 확신을 가지고 공을 막 치려는데 하필이면 그때 전화벨이 울렸다. 나는 벨 소리에 깜짝 놀라 흰 공의 옆구리를 훅 찔렀다. 에블린의 11번 볼을 향해 가다 미끄러진 공이 테이블을 가로질러 곧바로 포켓 안으로 들어갔다.

일주일 내내 전화벨이 울리기를 기다렸는데 막상 벨이 울리자 마치 얼어붙은 듯 전화기만 뚫어지게 봤다. 결국 에블린이 저벅저벅 걸어와 수화기를 들어 침착하게 전화를 받았다.

"로버츠 씨 집입니다."

에블린의 눈이 커졌다.

"케이트요? 여기 있어요. 잠깐만요!"

에블린이 손바닥으로 수화기를 막고서 낮게 괴성을 질렀다.

"너한테 온 전화야! 어쩌면 그 일 때문이 아닐까?"

"나도 모르지!"

긴장한 나는 에블린의 말을 막고 얼른 수화기를 받았다.

"여보세요?"

목소리가 작게 나온다.

"안녕, 케이트. 나탈리야. 아빠 사무실에서 만난…."

순간, 실망감으로 어깨가 축 처졌다.

"혹시 누군가가 광고지를 보고 연락했는지 궁금해서 전화했어."

"화요일에 광고지를 붙였는데 전화 온 데가 없어요."

나는 실망의 빛이 역력한 목소리로 대답했다.

"좀 두고 보자. 우리가 어떻게 할 수 있는 일이 아니잖아?"

손가락으로 턱을 가볍게 두드리는 나탈리 언니의 모습이 그려진다. 광고지를 디자인하는 동안 내내 본 모습이다. 어색한 침묵이 잠깐 흐르고 언니가 말했다.

"기도는 했니?"

"네?"

나는 조금 당황했다.

"지난 금요일에 언니와 함께 기도한 뒤로 하지 않았어요."

"우리 함께 기도하면서 기다리자. 알았지?"

"네, 고마워요."

"다시 전화할게. 무슨 연락이 오면 나에게도 알려줘."

그러겠다고 대답하고 전화를 끊고 에블린에게 말했다.

"광고지를 디자인한 나탈리 언니야. 아빠 사무실 직원인데 기도하래."

나는 다시 큐를 잡으며 게임을 시작하려 했다. 하지만 에블린은 큐에 몸을 기댄 채 나를 보며 눈썹을 치켜올렸다.

나는 약간 짜증스러운 듯 물었다.

"왜 그래?"

"그 생각을 왜 못 했을까!"

"에블린, 그렇게 심각하게 생각하지 마. 알았어, 알았다고. 사랑하는 하느님 아버지, 우리가 묵주알을 찾게 해주세요. 아멘."

나는 재빨리 성호를 긋고 다시 테이블로 갔다.

"야, 케이트! 기도를 그렇게 마지못해 하면 안 돼. 초보자로서 좀 더 경외심을 가지고 해야지. '사랑하는 하느님….'"

에블린이 우스꽝스런 목소리로 내 흉내를 낸다. 내 짧은 기도가 어떻게 보였는지 분명히 알 수 있다.

"우리는 지금 묵주알을 찾고 있잖아. 그러니 그다음은 성모송을 하는 것이 순서 아니겠니?"

"물론이지."

이번엔 좀 과장스럽게 성호를 긋고 천천히 기도하기 시작했다. 두 손을 모으고, 위를 바라보며 성모송을 기도했다. 그런데 이번엔 뭔가 다르다. 갑자기 내가 꾸었던 꿈이 되살아난 듯, 외할머니와 어떤 여자분이 묵주기도 하는 모습이 생생하게 보였다. 그 순간 멈칫 뒤로 물러서면서 의자에 다리를 부딪쳤다. 나는 의자의 두꺼운 팔걸이에 몸을 기댔다. 내 손은 목에 걸려있는 구슬을 더듬고 있었다.

"뭐야! 왜 그래?"

에블린이 걱정스럽게 물었다.

"내… 내가 꿈을 꾸었는데, 외할머니하고… 어떤… 어떤 여인이 묵주기도를 하고 있는…."

에블린에게 꿈 이야기를 해주었다. 들판에 있는 덩굴이 나를 휘감고, 구슬로 변한 바다, 외할머니와 어떤 여인 그리고 기도….

"외할머니가 이렇게 말씀하셨어. '그렇게 될 거야. 케이트, 그렇게 될 거야.'"

나는 이야기를 마치고 숨을 거칠게 내쉬었다. 에블린에게 좀 더 일찍 말하지 않은 이유를 모르겠다. 꿈이 이상하게 느껴졌지만 개인적인 것일 뿐, 밝은 대낮에 꾼 바보 같은 꿈처럼, 별 의미가 없다고 생각했다.

"케이트, 넌 가끔 보면 참 둔해! 그 여인이 누군지 알아챘어?"

나는 에블린에게 눈을 흘기며 말했다.

"그럼, 알고 있어. 성모 마리아."

대답은 했지만 솔직히 말해 방금 전까지도 생각하지 못했다.

에블린이 소리를 지르며 의자 팔걸이에 기댄 내 팔을 잡아끌었다.

"케이트, 네가 환시를 본 거야! 성모님을 본 거라고…."

에블린은 나를 잡고 흔들었다.

"에블린, 너무 부풀리지 마. 꿈을 꾼 것뿐이야. 꿈이랑 환시는 완전히 다른 거야. 나는 자고 있었단 말이야."

"알았어, 알았어, 알았다고. 그게 뭐든 너는 성모님을 본 거야. 그분이 네 꿈에 나타난 거야. 다시 정리해 보자! 모든 게 의미가 있을 거야. 어떤 식물이 네 발을 휘감았다고? 그건 아마 이 일을 하려는 너를 방해하는 모든 것을 말하는 걸 거야! 그리고 구슬, 그분들이 묵주기도를 했다고 했지? 그건 잘 모르겠어. 어쩌면 구슬 바다는 그동안 했던 묵주기도의 상징, 뭐 그런 것 같아. 그리고 성모님과 외할머니는 너에게 무엇을 해야 할지를 보여주신 거야! 묵주기도를 하라고 말씀하신 거야!"

영어 시험을 백 점 받는 에블린이 꿈을 과하게 풀이하더라도 그러려니 하자!

"에블린, 그건 단지 꿈일 뿐이야. 내가 무의식중에 지금 일어나고 있는 일을 생각하고 있어서 그럴 거야. 요즘 나는 묵주알과 외할머니 그리고 성모님에 대해 너무 많이 생각하고 있거든. 그리고 성모님은 늘 묵주를 지니고 계시잖아. 큰 의미가 있는 건 아니야. 하지만 포기하려는 순간, 꿈 때문에 묵주알을 계속 찾으려는 마음이 생기긴 했어."

갑자기 에블린이 내 팔을 잡고 계단을 올라가며 묻는다.

"네 묵주는 어디 있어?"

묵주알을 찾아서

"참 나, 나도 몰라. 첫영성체 하고 나서 어딘가에 두긴 했는데…."

"첫영성체 한 뒤로 묵주기도를 한 번도 안 한 거야? 설마 농담이지?"

에블린과 나는 종교적인 성향이 다르다. 다시 말해 에블린은 성녀까지는 아니어도, 종교에 푹 빠져있다. 에블린은 학교에서 오자마자 가방을 던져놓은 부엌으로 가더니 자기 가방을 뒤져 보란 듯이 묵주를 꺼냈다. 그러고 나서 내 방에 올라가 내가 오랫동안 잊고 있던 묵주를 찾기 위해 모든 서랍을 열기 시작했다. 묵주는 아무 곳에서도 나오지 않았다. 그러다가 마침내 생각났다. 나는 벽장 맨 위 선반에서 상자 하나를 꺼냈다. 뚜껑을 열자 카드, 단추, 말린 꽃이 있는 가운데 녹색 실크 주머니가 보였다. 에블린에게 주머니를 보여주는데 약간 기분이 우쭐해진다.

실크 주머니에서 묵주를 꺼내 십자가와 묵주알을 경이로운 눈으로 바라보았다. 첫영성체 때 외할머니가 주신 묵주다. 그런데 내가 이 묵주로 기도한 적이 있었나? 없는 것 같다.

하지만 모든 것에는 처음이라는 것이 있다고 생각한다.

여전히 내키진 않았지만, 침대에 등을 기댄 채 책상다리를 하고 바닥에 앉았다. 에블린은 방을 두리번거리더니 욕실에 가서 양초와 성냥갑을 들고 왔다. 정말 못 말린다. 에블린이 침대 옆 탁자 위에 양초를 놓고 불을 붙이더니 묵주를 들고 무릎을 꿇는다. 그리고 바닥에 앉아 있는 나를 보며 헛기침을 해서 할 수 없이 에블린 옆으로 갔다.

에블린이 묵주기도를 선창하고, 나는 떠듬거리며 따라했다. 15분쯤 지나 기도가 끝났을 때, 우리는 계속 무릎을 꿇은 채 침묵 속에 머물렀다. 마음이 고요해지고 평화롭다. '언제 전화가 올까? 누가 전화할까?' 이런 걱정이 안 된다. 몇 분 동안 그 느낌을 음미하고 있다가 나는 다시 바닥에 편히 앉았다. 에블린도 나를 따라 침대에 등을 대고 앉았다. 우리는 한참 동안 그렇게 다정한 모습으로 앉아 있었다.

내가 침묵을 깨고 물었다.

"와, 정말 놀랍다."

에블린이 놀라며 "뭐가?" 하고 묻는다.

"너 말이야. 너는 묵주기도를 다 알고 있잖아. 무슨 신비, 뭐 이런 것도."

에블린이 약간 어색한 표정을 짓더니 어깨를 으쓱이며 말했다.

"집에서 일요일마다 가족과 함께 묵주기도를 하거든. 그러니까 나는 그걸 수없이 들었어."

나는 마치 거짓말이라는 듯이 에블린을 보며 말했다.

묵주알을 찾아서

"정말? 대단하다."

우리 가족도 일요일마다 묵주기도를 했다면 지금쯤 상황이 달라지지 않았을까 하는 생각이 든다.

에블린이 잠깐 생각에 잠기더니 이렇게 말했다.

"응, 예전에는 가족과 함께 묵주기도 하는 게 몹시 싫었는데 지금은 좋아. 특히 할머니가 돌아가시고 나서는 기도가 할머니를 잃은 슬픔을 감당하도록 도와주는 거 같아."

에블린이 다시 어깨를 으쓱이며 말을 이었다.

"기도하기 전에 기도 지향을 나누는데 같은 지향으로 함께 기도해서 더 좋아."

갑자기 전화벨이 울린다. 우리는 깜짝 놀라 자리에서 벌떡 일어섰다. 이번엔 망설이지 않았다. 발신자 정보에 '댄빌, 인디애나주'라고 뜬다. 무선전화기의 버튼을 누르고 귀에 갖다 대는데 심장이 튀어나올 것 같다.

"여보세요?"

상대방을 볼 수 있기라도 하듯, 턱에 댄 수화기를 내려다보며 전화를 받았다.

"케이트네 집인가요?"

인디애나주 특유의 코맹맹이 사투리를 쓰는 쾌활한 남자 목소리다.

나는 에블린의 손을 잡고 펄쩍펄쩍 뛰었다.

"네, 제가 케이트예요."

"내 이름은 로저 빌링스고 비행기가 추락했던 곳의 농장 주인이란다. 오늘 아침 일찍 식료품 가게에 갔다가 광고지를 봤단다. 광고지가 우리 집 우편함에도 있었는데 잃어버렸거든. 암튼 내가 구슬 몇 개를 발견했단다. 은빛 구슬에 문자 세 개가 새겨진 거 맞지?"

"네, 맞아요."

"나는 구슬을 생각지 않은 곳에서 발견했어. 경찰들이 어떻게 그것을 찾지 못했는지 모르겠지만 구슬이 그대로 있었단다. 나는 그 구슬이 그들에게 그다지 쓸모가 있을 것 같지 않아서 내 손녀에게 주었어. 이제 네 살이라서 반짝거리거나 빛나는 건 다 좋아하니까 구슬도 좋아할 거라고 생각했거든. 게다가 그 구슬 가운데 하나는 H L L이라고 새겨져 있는데 손녀 이름의 이니셜과 같단다. 한나 린 레이톤 Hannah Lynn Layton. 그래서 더 특별했지."

"아하!"

놀라움과 함께 웃음이 나왔다. 또 다른 묵주알을 찾았다. 그런데 그 이니셜이 그 사람의 이름과 맞다니! 친척 가운데 H L L 이니셜을 가진 사람이 생각나지 않아서 미간을 찌푸리며 집중하고 있는데, 에블린이 옆에서 무슨 대화를 하는지 알고 싶어 애쓰고 있다. 나는 얼른 종이에 H L L? 이라고 쓰고 나서 에블린 얼굴을 쳐다보며 답을 기다렸다. 에블린이 입술을 오므린 채 잠시 생각에 빠졌다가 알았다는 듯, 아기를 안고 있는 모양으로 두 팔을 감싸 안는다.

맞다! 외할머니가 잃어버린 아기들 가운데 하나다.

그동안에도 빌링스 아저씨가 계속 이야기를 하고 있어서 말을 놓치고 말았다.

"그게 내가 알고 있는 전부란다."

아저씨가 말을 마치자 내가 물었다.

"저희가 한나에게서 구슬을 받을 수 있을까요?"

"글쎄, 한나는 플로리다주에 살아서 쉽지 않을 것 같은데…. 그리고 저, 이 말을 해야 할 것 같구나. 내 딸이… 그 구슬에, 일종의 어떤…."

아저씨가 살짝 웃는다. 그다음 말을 알 것 같다.

"어쩌면 좀 미친 소리 같겠지만, 내 딸은 구슬에 일종의 힘 같은 것이 있다고 생각한단다."

이 말을 듣는 순간 두 눈이 튀어나올 것처럼 커졌다.

"빌링스 아저씨, 저희가 그곳에 가서 이야기를 더 들을 수 있을까요? 자세히 듣고 싶어요. 아빠가 데려다줄 수 있는지 물어봐야 하지만, 그럴 수 있다면 내일 만날 수 있나요?"

전화를 끊고 나서, 내 손에 여전히 묵주가 들려있다는 것을 깨달았다. 나는 놀란 눈으로 묵주를 바라보았다. 우연일까? 아니면 우리가 기도한 대로 이루어진 걸까? 에블린과 나는 서로 얼굴을 쳐다보고 한동안 꼼짝도 않고 있었다. 에블린의 표정을 보니, 빌링스 아저씨에게서 온 전화가 우리가 드린 기도의 즉각적인 응답이라고 믿는 것 같다. 에블린의 생각이 맞는 걸까?

엄마의 묵주알을 찾으러 가야 한다

아침부터 아빠는 내가 운전을 해야 한다고 고집을 부린다. 임시 면허증이 있지만, 정식으로 면허 시험을 보려면 8월까지 기다려야 한다. 부모님 가운데 한 사람이 조수석에 앉으면 임시 면허증으로도 운전이 가능하다. 나는 운전을 곧잘 했다. 그런데 앞에서 오던 차와 약간의 문제가 있고 나서는 운전을 하지 않는다. 하지만 아빠는 '다시 말을 타야 한다'고 말한다. 아무래도 내가 운전을 해야 댄빌에 다녀올 수 있을 것 같다.

나는 겁을 잔뜩 집어먹고 운전석에 앉았다. 심장이 어찌나 요동을 치던지, 옆에 있는 아빠에게도 심장박동 소리가 들렸을 것이다. 운전대를 잡는 순간, 손에서 진땀이 났다.

에블린 집으로 가는 동안 차가 멈추고 출발할 때마다 덜컹거린다. 그런데도 아빠는 아무 말이 없다.

운전석에 있는 나를 보고, 에블린은 몹시 놀라는 표정이었으나 뒷좌석에 가서 앉더니 아무 말도 하지 않는다.

나는 38번 거리를 지나서야 긴장이 조금 풀리기 시작했다. 다행히 토요일 이른 아침이라 도로도 막히지 않고 신호등도 원활하게 바뀌어서 거의 같은 속도로 갔다. 이젠 봄이 온 것 같다. 우리는 창문을 열고 시원한 바람을 느끼며 기분 좋게 갔다. 다가올 여름과, 여름이 선사해 줄 많은 선물을 기대하면서 말이다. 라디오에서 아빠가 좋아하는 레드 제플린의 노래가 흘러나온다. 아빠는 머리 받침대에 머리를 맡기고 눈을 감은 채 음악에 맞추어 조용히 허밍을 한다. 시간이 갈수록 편안해 보인다. 그런데 내가 운전하는 것이 편해서인지, 엄마에게서 멀어진 안도감 때문인지 궁금하다.

긴장감 도는 한 주를 보내고 집을 떠날 수 있는 핑계가 생긴 것이 그나마 다행이다. 이제 엄마는 괜찮은 척도 하지 않는다. 가끔씩 엄마가 백만 개로 산산조각 날 것 같은 느낌이 들 때가 있다.

댄빌을 지나면서 더는 엄마에 대해 생각하지 않기로 했다. 시골길에 들어서니 로저 빌링스 아저씨 댁 가까이다.

내비게이션이 길을 안내해 주는데도 아빠는 계속해서 음성 안내를 따라 내게 말해준다.

마침내 조심스럽게 자갈길로 된 진입로에 들어섰다. 자동차 타이어 아래로 자갈들이 튀어서 자동차 밑바닥에 부딪히는 소리가 났다. 아마도 아빠는 몹시 아끼는 차가 망가질까 봐 속으로 안절부절못하고 있을 것이다. 아빠를 슬쩍 쳐다보니 턱이 굳어있다. 내가 보는 것을 눈치챘는지 금세 웃으며 농담을 한다.

"엄마 차로 올 걸 그랬나 보다."

나도 웃으며 아빠에게 맞장구를 쳤다.

깔끔해 보이는 시골집 앞에 차를 세웠다. 100년은 족히 넘어 보인다. 앞마당에 있는 나무 몇 그루가 제철을 만나 생기를 띠고, 꽃밭에는 봄꽃이 활짝 피어있다. 차에서 내리자, 앞문이 열리고 멜빵 청바지에 체크 티셔츠를 입은 나이 지긋한 아저씨가 나왔다.

"아이고, 안녕들 하세요?"

빌링스 아저씨가 활짝 웃으며 우리를 반겼다.

"안녕하세요. 빌링스 선생님, 저는 마이크 로버츠라고 합니다. 케이트 아빠입니다."

두 분은 힘 있게 악수를 나누고 나서, 나와 에블린에게로 향했다.

"이 아이가 케이트고 옆에는 케이트 외사촌, 에블린이에요."

아빠가 내 어깨를 감싸며 우리를 소개했다.

"만나서 반갑구나."

빌링스 아저씨가 악수를 청했다. 오랜 세월 야외에서 고된 일을 한 거친 손길이 느껴졌다.

빌링스 아저씨는 에블린과도 악수를 하고 나서 성큼성큼 계단을 올라 넓은 현관이 있는 곳으로 우리를 안내했다. 그리고 잠깐 양해를 구하고 집 안으로 들어갔다가, 잠시 뒤에 레모네이드가 든 병과 유리잔을 가지고 나왔다.

"이곳에는 손님이 거의 찾아오지 않아요. 그래서 제 아내는 누가 이곳에 들르기만 해도 좋아해서 늘 이 의자들을 여기에 놓아야 한다고 했어요. 그리고 언제라도 누가 올 것 같으면 레모네이드와 쿠키를 만들었어요. 나는 쿠키 만드는 건 그리 좋아하지 않지만 레모네이드는 남들 못지않게 잘 타요."

빌링스 아저씨가 불룩 나온 배를 두드리며 웃는다.

아빠가 대답했다.

"로저 빌링스 선생님, 감사합니다."

"그냥 로저라고 불러요. 제가 뭐 그리 대단한 사람이라고요."

빌링스 아저씨는 우리가 서로 마주 보도록 의자를 둥그렇게 놓았다.

"로저, 저희를 만나줘서 고마워요. 케이트한테서 당신이 묵주알 세 개를 찾았다고 들었어요. 그리고 지금은 손녀딸이 가지고 있다면서요?"

"네, 맞아요. 그 아이의 이름은 한나예요. 이제 겨우 네 살이죠. 솔직히 내가 그 아이를 응석받이로 키웠어요. 손녀딸을 보러 갈 때마다 아이가 원하는 것은 다 해주었죠. 한나는 태어날 때부터 몸이 아파서 힘든 일을 많이 겪은지라 저는 그 아이에게 안 된다는 말을 하지 못해요."

빌링스 아저씨는 의자 깊숙이 등을 기댄 채 잠시 생각에 잠기는 듯했다.

아저씨가 웃으며 말했다.

"내가 한나에게 구슬 세 개를 주고 나서 좋은 일이 생긴 것 같아요."

"정말요?"

나는 몸을 앞으로 내밀며 처음으로 입을 열었다.

"무슨 일이 있었어요?"

"한나는 아주 오랫동안 병을 앓아서 내가 그 아이 집에 가야만 만날 수 있는데 안타깝게도 나는 그곳에 1년에 한두 번밖에 갈 수 없단다. 내가 그 구슬을 발견한 것은 작년 여름이었고, 11월 추수감사절 때 구슬을 한나에게 주었단다. 내 딸 멜라니는 가지고 있던 줄에 세 개의 구슬을 달아서 한나에게 주었지. 한나는 치료 중이어서 몹시 아픈 상태였어. 음식을 소화하지 못해 몹시 말랐단다. 차마 볼 수가 없을 정도였지."

빈 뜰을 바라보며, 한나의 고통을 기억하는 아저씨의 눈이 고통으로 가득 찼다.

"그런데 구슬을 목에 걸고 얼마 지나지 않아, 한나가 기운을 차리기 시작했어. 내가 월요일에 도착했는데, 추수감사절인 목요일이 되니 한나가 우리와 같이 식탁에 앉아서 음식을 먹는 거야. 감사에 대해 이야기하는 바로 그날에! 우리는 진심으로 감사를 드렸단다."

빌링스 아저씨의 눈에 눈물이 차올랐다. 아저씨는 눈을 몇 번 껌뻑거리고 나서 레모네이드를 벌컥벌컥 마셨다.

아저씨가 유리잔을 들여다보며 말을 이었다.

"의사는 갑작스러운 변화를 설명하지 못했어. 그런 일을 본 적이 없다고 했지. 그런데 내 딸은 그 기적이 구슬과 관련이 있다고 생각한단다."

나는 말없이 고개를 끄덕였다.

그때 아빠가 말했다.

"로저, 이 말을 하고 싶네요. 나는 기적을 잘 믿지 않아요. 그런데 이 아이들은 당신 딸이 한 얘기가 가능한 일이라고 생각하고 있어요."

아빠가 엠마에 관한 이야기를 아저씨에게 설명할 때, 나와 에블린이 몇 가지 상세한 내용을 덧붙였다.

"케이트는 자기 이니셜이 새겨진 구슬을 발견했지만 아직 어떤 기적도 일어나지 않았어요."

아빠가 믿지 못하겠다는 표시로 어깨를 들썩이고는 말을 이었다.

"로저, 우리는 한나에게 구슬을 돌려달라고 하지 않을 겁니다."

나는 놀라서 레모네이드를 마시다가 사레가 들렸다. 아빠가 계속 이야기했다.

"한나가 건강해진 이유가 구슬 때문이든 아니든 그것이 그 아이에게 특별한 것임이 틀림없어요. 그런데 다른 두 구슬의 이니셜이 궁금하네요."

에블린이 의자를 당기며 앉는다. 여러 감정이 교차하는 표정이다. 자기 묵주알을 찾고 싶어 한다는 것이 느껴졌지만 한나가 가지고 있는 묵주알 가운데 하나가 에블린의 것이라면, 방금 아빠가 되찾을 수 있는 희망을 망쳐버리지 않았는가!

빌링스 아저씨는 잠시 생각에 잠겼다가 말했다.

"글쎄요, 잘 기억이 안 나요. 하지만 딸한테 전화해서 물어볼 수는 있어요. 잠깐만 기다려요."

아저씨가 일어나 집 안으로 들어갔다. 한동안 어색한 침묵이 흘렀다. 갑자기 환성이 들려왔다. 우리는 모두 눈썹을 치켜올리고 서로를 바라보았다. 몇 분쯤 지나 아저씨가 활짝 웃으며 나오는데 발걸음에 활기가 넘쳤다.

빌링스 아저씨가 오더니 흥분해서 말했다.

"나았대요! 한나의 암이 나았대요! 어제 검진을 받았는데, 좀 전에 의사가 결과를 알려줬대요."

빌링스 아저씨가 나를 일으키더니 커다란 곰처럼 나를 안고는 빙글빙글 돌았다. 처음에는 깜짝 놀랐지만, 다시 자리에 앉을 때쯤 나에게도 아저씨의 흥분된 마음이 전해졌다. 얼마나 크게 웃었는지, 얼굴이 얼얼하다. 요즘 너무 자주 흘리는 그 바보 같은 눈물이 다시 흐른다. 하지만 지금은 행복한 눈물이다. 눈물이 흐르도록 두었다. 그다음은 에블린이 아저씨 품에 안기고 나자 아빠가 일어서서 손을 내밀었다.

"축하합니다."

빌링스 아저씨가 아빠의 손을 당겨 아빠를 얼싸안았다. 두 분은 서로의 등을 두드렸고, 우리는 활짝 웃으며 축하의 순간을 즐겼다. 이제 막 빌링스 아저씨를 만났고 한나를 본 적은 없지만, 어쩐지 이 일이 우리 모두에게 특별한 승리를 안겨준 것 같다.

마음이 차분해지자 빌링스 아저씨가 주머니에서 종이 한 장을 꺼냈다.

"다른 구슬들의 이니셜을 알아왔어요."

아저씨가 종이를 펼쳐 우리에게 내민다.

에블린이 나를 제치고 아저씨 손에서 종이를 가져갔다. 에블린의 표정에서 안도감과 실망이 교차된 묘한 감정이 느껴진다. 에블린이 의자에 몸을 기대며 내게 종이를 건넸다.

J E L

T M L

위에 있는 이니셜은 몇 분이 지나서야 하늘나라로 먼저 간 아기 이름임을 알았다. 그런데 아래에 있는 이니셜은 정말 충격이다. 즉시 알았다. 데레사 미셸 랭포드Teresa Michelle Langford. 아빠와 결혼하기 전 엄마 이름이다.

얼굴이 일그러지면서 또 눈물이 나오려는 것을 꾹 참았다. 묵주알이 정말 기적과 관련이 있다면 엄마도 예전처럼 돌아오게 할 수 있을 텐데….

아빠와 에블린은 빌링스 아저씨와 대화를 나누느라 조금 더 있다가 일어났다. 아빠가 내게 차 열쇠를 내밀었으나 나는 고개를 저으며 조수석으로 갔다. 가는 길에 첼시를 만나기 위해 〈오월의 딸기〉 레스토랑에 잠시 들렸는데 첼시는 없다.

창밖을 봐도 계절이 바뀌는 아름다운 풍경이 눈에 들어오지 않는다. 생각에 잠겨 목에 걸린 묵주알만 만지작거렸다. 아빠가 중간에 차를 잠깐 세우고 우리에게 밀크셰이크를 사주었다. 에블린을 집 앞에 내려줄 때쯤, 배 속에서 꼬르륵 소리가 났다. 아빠가 물었다.

"어디 가서 간단하게 점심 먹을까?"

엄마가 어떤 기분일지는 몰라도, 아빠도 엄마가 있는 집으로 돌아가고 싶지 않은 것 같다. 나는 작은 소리로 "네" 하고 말했다. 아빠는 한숨을 깊이 쉬더니 빙클리 식당 쪽으로 향했다.

늦은 점심이라 식당은 한가했다. 이곳은 오래된 약국을 개조해서 이웃들의 모임 장소로 사용한다. 내가 제일 좋아하는 벽난로 옆 테이블로 갔다. 나는 늘 그렇듯이 음료수와 치즈버거를, 아빠는 돼지고기 안심 샌드위치를 주문했다.

종업원이 음료수를 놓고 가자, 아빠가 테이블에 몸을 가까이 하더니 나를 유심히 쳐다본다. 나는 앞에 놓인 냅킨을 접으며 시선을 아래로 내렸다.

아빠가 내 표정을 살피며 "너무 조용한데" 하고 말했다.

나는 아빠에게 눈길을 주지 않은 채 냅킨만 만지작거렸다.

"케이트, 뭐가 문제니?"

나는 목멘 소리로 간신히 대답했다.

"엄마 묵주알이잖아."

이어서 화가 난 얼굴로 아빠를 바라보며 말했다.

"그 애가 엄마 묵주알을 가지고 있잖아."

아빠가 그제야 알았다는 듯이 의자 깊숙이 앉으며 말했다.

"그렇지만 묵주알을 달라고 할 수는 없잖니."

"하지만 그 아이의 이니셜이 있는 것도 아니잖아!"

나는 너무 화가 난 나머지, 결국 울음을 터뜨렸다.

"묵주알이 그 애 것이 아니잖아! 그 아이 이니셜이 있는 건 그 애가 가져도 상관없어. 하지만 나는 엄마 묵주알이 필요하다고!"

나는 아빠의 얼굴을 공격적으로 쳐다보며 주먹으로 탁자를 내리치며 말했다.

"엄마가 사라졌어. 엄마가 가버렸다고. 묵주알 말고 어떤 방법으로 엄마를 돌아오게 할 수 있냐고요?"

"케이트, 무슨 말을 하는 거니? 엄마는 아무 데도 가지 않았어. 엄마는 집에 있어. 집에서 세탁을 하고 있을 거다."

"내가 무슨 말을 하는지 아빠도 잘 알잖아. 외할머니가 돌아가신 뒤로 엄마는 전과 같지 않아. 그저 걸레질을 하거나, 세탁을 하거나, 청소나 하고 그렇지 않으면 그 바보 같은 책이나 읽는다고. 그게 우리보다 더 중요하다고 생각하는 것 같아. 엄마는 화만 내고, 더는 우리에게 신경조차 쓰지 않아. 엄마는 우리 누구도 사랑하지 않아. 특히 나를 미워한다고!"

"케이트, 엄마는 널 미워하지 않아. 너를 사랑해. 다만… 엄마는 지금 어려운 시간을 보내고 있을 뿐이야."

아빠가 내 손을 부드럽게 잡았다가 다시 놓는다.

"외할머니가 돌아가시고 나서 엄마가 왜 이렇게 힘들어하는지 아빠도 모르겠어. 그리고 이 묵주알 사건이 왜 그리도 엄마를 화나게 하는 건지도. 하지만 엄마는 강한 사람이니까 다 이겨낼 거다. 분명히 그럴 거야."

고개를 가로젓자 눈물이 뚝뚝 떨어진다.

"케이트, 누구에게나 슬픔을 겪는 과정이 있단다. 모두 조금씩 다르게 겪지. 어떤 사람은 빨리 자기 삶을 찾지만 엄마는 좀 더 오래 걸리는 것뿐이야. 우리는 엄마에게 시간을 줘야 해. 우리가 기다려야 해. 엄마가 우리에게 사랑을 표현하지 않더라도 우리는 엄마를 사랑해야 해."

"공평하지 않아. 왜 그렇게 해? 엄마니까 나를 사랑해야

지. 쇼핑도 같이 가고, 내 숙제도 봐주고, 내가 어떤 남자아이를 좋아하는지 관심도 가져야 하잖아! 하지만 엄마는 그러지 않아! 엄마는 엄마가 아닌 것 같아."

아빠는 테이블을 바라보며 몇 번 길게 한숨을 내쉬고 나서 다시 말했다.

"네 말이 맞다. 공평하지 않아. 하지만 가끔 인생은 공평하지 않을 때가 있단다. 지금이 그런 때야. 우리는 우리가 가지고 있는 카드를 써야 해. 그냥 포기할 수는 없어. 포기하는 순간, 지고 마는 거니까."

"좋아, 포기하지 않을게. 그러니까 나는 엄마 묵주알이 필요해. 엄마를 위해 필요해. 그게 도움이 될지 어떻게 알아? 어쩌면 그것이 내가 묵주알을 찾는 이유의 전부라면?"

아빠에게 간청하는 내 눈빛이 더욱 간절해진다.

"난 아픈 아이한테서 묵주알을 빼앗고 싶은 게 아니야. 그 아이는 이미 좋아졌지만, 엄마는 그렇지 않잖아. 한나에게는 이미 기적이 일어났어. 하지만 난 아직 기적이 필요하다고."

또다시 눈물이 흐른다. 눈물을 훔치면서 눈물 보따리를 가진 바보 같은 나에게 너무 화가 난다.

"케이트, 놀라운 우연이 일어난 것은 사실이지만 그것을 '기적'이라고 부르기엔 너무 멀리 간 것 같다. 차 사고가 났다고 해서 모든 사람이 죽는 것도 아니고, 현대 의학 기술이 죽어가는 사람을 살리기도 해. 아빠는 네가 그 작은 구슬 하나에 의미를 너무 깊이 두는 것 같아."

"아빠 말이 맞을지도 몰라. 하지만 그것이 내가 가진 전부인걸. 그 묵주알을 되찾는 것이 내가 엄마를 되찾기 위해 할 수 있는 전부야. 제발 아빠, 아빠는 이 모든 것이 말이 되지 않는다고 생각하는 걸 알아. 믿지 않는다는 것도 알아. 사실 나도 확신하는 건 아니야. 하지만 우리는 여기까지 왔고, 엄마의 묵주알을 찾은 것도 우연이 아닌 거 같아. 여기서 멈출 수는 없어. 만일 내가 비행기 표를 끊어서 플로리다로 묵주알을 찾으러 갈 수만 있다면 그렇게 할 거야."

무슨 말을 하는지 생각지도 않고 말이 튀어나왔다. 아빠가 말없이 한참 동안 나를 뚫어져라 쳐다본다. 종업원이 음식을 가져오자 우리는 대화하지 않아도 되는 구실을 찾은 것처럼 먹는 것에 몰두하는 척했다. 아빠가 음식을 반쯤 남긴 상태에서 식사를 마치고 말했다.

"이렇게 하자. 우리 모두 어디든 떠나보는 게 좋을 것 같아. 엄마도 함께 갈지 모르겠지만, 곧 봄방학이니 엄마하고 이야기해 볼게. 어쩌면 우리 모두 플로리다로 갈 수 있을 거야. 멋진 휴가를 즐기고 한나의 가족을 만나러…"

"아빠, 정말? 와, 너무 좋아!"

나는 환성을 지르며 자리에서 일어나 아빠의 목을 끌어안았다.
"아빠, 정말 고마워!"
나는 여전히 아빠 목에 팔을 두른 채 말했다.
"너무 희망을 갖지 마라. 엄마와 의논해 봐야 하고 회사 업무도 조정해야 하니까. 아빠가 그렇게 할 수 있도록 최대한 노력한다고 약속할게. 하지만 기억할 게 있어. 우리가 그곳에 가더라도 묵주알을 돌려달라고 요구할 수는 없을 거야. 한나네 가족 상황을 보고 나서 어떻게 할지 생각해 보자."
아빠의 조언을 듣고 나서 의자에 다시 앉았다. 하지만 내 입가에서 웃음이 떠나질 않는다. 휴가, 그리고 엄마의 묵주알을 되돌려받을 수 있는 기회가 왔는데 무엇을 더 바라겠는가!

일요일 아침이다. 8시부터 일어나 텔레비전을 보고 있는데 성당에 가고 싶은 마음이 올라온다. 일요일 아침마다 강요받고 불평하던 것을 처음으로 아무 이유 없이 원하고 있다니! 좋아, 내가 정말 성당에 가기를 원한다면, 자전거를 타고 가거나, 하다못해 걸어 가거나, 수잔 외숙모나 메리 엘렌 이모에게 데려다 달라고 부탁할 수도 있다. 그런데 지금은 잠옷 차림으로 소파에 있는 게 너무 편하다. 게다가 시트콤이 너무 재미있다. 그렇다면 다음 주말에 에블린의 집에서 자면 다음 날 자연스럽게 성당에 가서 미사를 드릴 수 있다. 이렇게 마음을 정하고 시트콤을 보는데 전화벨이 울린다. 전화를 받은 그웬이 선룸에서 책을 읽고 있는 엄마에게 간다.

그웬이 엄마에게 수화기를 건네며 말하는 소리가 들린다.
"메리 엘렌 이모야."

다시 시트콤에 집중하려고 했지만 엄마 목소리가 자꾸 신경이 쓰인다.

"오늘은 갈 기분이 아니야."

잠깐 조용해지더니 엄마가 선룸의 문을 닫는다. 나는 조용히 일어나서 무언가 가지러 가는 척하며 부엌으로 갔다. 부엌에서는 소리가 더 잘 들린다.

"메리 엘렌, 너도 알다시피 우리는 너처럼 온전하지 못해."

엄마가 목소리를 낮췄지만 여전히 들린다.

"나는 어릴 때부터 성당에 갔어. 물론 대학 다닐 때 몇 번 미사를 빠진 적은 있었지. 하지만 요즘은 별로 가고 싶지 않아. 다음 주에도 갈 수 있을지 모르겠어. 그다음 주도 마찬가지고."

다시 조용해졌다. 잠시 신앙생활을 열심히 하는 메리 엘렌 이모에 대해 생각했다. 이모는 주일미사뿐 아니라 평일미사도 드리고 성체조배도 한다. 묵주기도도 날마다 바친다. 이모는 엄마하고 정말 잘 지냈다. 그런 이모와 엄마가 이런 대화를 하게 되다니, 그 마음이 어떨까!

화가 난 엄마의 목소리가 들린다.

"그래, '엄마가 원할지도 모르는 일'이라는 게 뭐 그리 대단하니? 엄마는 이제 없잖아. 게다가 일요일마다 성당에 가고 매일미사를 드려서 얻은 게 뭐야? 엄마는 자식 넷을 잃은 데다 끔찍한 비행기 추락 사고로 돌아가셨어. 그런데 남은 우리에게 예전으로 돌아가라고? 네가 무슨 말을 해도 상관없지만, 나는 하느님을 본 적도 없고 느낄 수도 없어. 하느님은 나와 함께 계신 적이 없어. 지금 나에게 하느님은 계시지 않아. 그러니 알겠니? 더는 못하겠어!"

나는 그 자리에서 숨을 죽인 채 가만히 있었다. 몇 주 전에 엄마가 더는 성당에 가고 싶지 않다고 했을 때, 나는 속으로 쾌재를 불렀다. 그런데 지금은 절망스럽다. 엄마가 신앙생활을 하려고 노력한 것은 안다. 그런데 어떻게 이렇게 된 걸까? 나는 묵주알을 찾는 것에 몰두할수록 성당에 가고 싶은데, 엄마는 완전히 성당을 떠나기로 한 것 같다.

울지 않을 테다. 충분히 울었다. 아니 너무 많이 울었다.

눈물을 참으려고 애쓰는 동안, 엄마는 이모의 말을 듣고 있는지 조용하다. 잠시 뒤에 엄마가 '나도 사랑해' 하고 말한다. 이모가 엄마의 마음을 어루만지는 말을 했나 보다. 살금살금 나오면서 '사랑해' 이 말을 생각했다. 좋은 말이다. 한동안 엄마가 '사랑해' 하고 말하는 것을 듣지 못했다. 다시 듣고 싶다.

갑자기 메리 엘렌 이모를 만나고 싶어졌다. 만나서 그동안 무슨 일이 있었는지 모두 말하고 싶다. 나는 조용히 무선전화기를 찾아서 얼른 내 방으로 올라갔다.

마지막에 뜨는 발신자 번호를 눌러 이모에게 전화를 걸었다.

열네 살인 토마스가 전화를 받더니 "엄마, 전화요!" 하고 이모를 부른다. 이모가 말을 꺼내기 전에 나는 얼른 "케이트예요"라고 말했다.

"케이트?"

"이모, 안녕하세요!"

이제 뭐라고 하지? 무슨 말을 할지 생각도 하지 않고 무작정 전화를 했으니….

"무슨 일이니?"

"저, 좀 전에 이모하고 엄마가 통화하는 것을 듣다가 이유는 잘 모르겠지만 이모랑 이야기하고 싶어졌어요."

"나한테 전화하는 데 무슨 이유가 필요하니."

이모는 잠시 말을 멈추었다가 말했다.

"오늘 미사 때 봤으면 했는데!"

"사실 저도 성당에 가고 싶은데…."

"그럼 내가 데리러 갈 테니 같이 저녁미사 드릴까? 아르크의 성녀 요안나 성당에서 말이야. 그러고 나서 저녁도 먹고."

"정말요? 하지만 이모는 아침에 미사 드렸잖아요."

이모가 웃으며 말한다.

"미사보다 내가 더 좋아하는 것은 없단다. 4시 45에 데리러 가면 되지? 그럼 미사 전에 묵주기도 할 시간이 충분할 거야."

"네, 좋아요."

전화를 끊고 목에 걸려있는 묵주알을 빼서 손바닥 사이로 굴려본다. 수천 번도 더 굴렸을 것이다. 이모와 묵주기도를 하다니! 마지막으로 에블린과 기도한 것이 생각난다. 기도를 끝내자마자 빌링스 아저씨에게서 전화가 왔었다. 기도가 정말 그렇게 힘이 있는 걸까? 이모와 기도하면 이번에도 즉시 응답을 받을까?

재미있는 건 그동안 묵주기도만이 아니라 그 어떤 기도도 하지 않았는데, 지금은 사흘 동안 두 번씩이나 묵주기도를 하게 생겼다. 전혀 좋아하지 않던 기도에 이토록 많은 시간을 들이고, 그것이 뭔가를 변화시켜 준다고 믿는 내가 좀 바보스럽다. 그런데도 이모와 함께 기도하고 미사를 드리고 같이 있을 시간이 너무 기대된다.

이모와 성당에

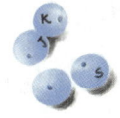

메리 엘렌 이모와 함께 미사를 드리고 저녁을 먹기로 한 사실을 엄마에게 말하기 위해 죽을힘을 다해 용기를 냈다. 엄마의 얼굴은 굳다 못해 강철 같았지만 뭐라고 하겠는가? '안 돼, 성당에 가지 마!'라고 할 수는 없지 않겠는가! 작년 이후로 엄마는 완전히 신앙을 잃어버린 것 같지만 이모와 미사를 드리겠다는 딸을 막을 정도는 아닐 것이다.

나는 잠시 무슨 옷을 입고 갈지 고민했다. 이모네 가족은 성당에 갈 때 평소보다 더 마음 써서 입는다. 나에게 잘해주는 이모를 부끄럽게 하고 싶지 않다. 결국 나는 청치마에 하얀 블라우스를 입고 허리띠를 맸다. 따뜻한 날인지라 뒤가 트인 샌들을 신고 가방을 들고 현관에서 이모를 기다렸다.

4시 40분쯤 자가용 한 대가 집 앞으로 들어섰다. 이모가 차에서 내려 걸어오는데 걸음을 옮길 때마다 이모의 꽃무늬 치마가 찰랑거렸다.

"안녕, 귀염둥이. 잘 지냈니?"

이모가 가볍게 나를 안고 나서 내 얼굴을 보기 위해 팔을 길게 뻗었다.

이모의 예리한 시선을 피하며 "네" 하고 대답했다.

"엄마 집에 계시지?"

"부엌에 계실 거예요."

엄마는 지금 이모를 보고 싶어 하지 않을 텐데….

"잠깐 들어가서 엄마 좀 보고 올게. 그러고 나서 출발하자. 묵주는 가지고 왔지?"

나는 가방에서 묵주를 꺼내 이모에게 보였다.

"좋아! 잠깐 기다려. 금방 올게."

이모는 집 안으로 들어갔다가 바로 굳은 표정으로 나왔다. 나와 눈이 마주치자 살짝 웃어 보이고는 성당을 향해 출발했다.

아르크의 성녀 요안나 성당에는 몇 번 와본 적이 있다. 가끔 이곳에서 미사를 드렸다. 여느 때와 같이 나는 고딕양식인 높은 천장과 아름다운 스테인드글라스로 장식한 창문과 우아한 성상을 경이로운 시선으로 바라보았다. 미사 시작까지는 아직 30분 정도 남았다. 신자 몇 명이 조용히 기도하고 있다. 이모가 앞자리로 가더니 무릎을 꿇고 묵주를 꺼낸다. 이모가 조용히 물었다.

"누구를 위해 기도하고 싶니?"

나는 마음이 편하지 않아 웅얼거렸다.

"엄마요."

"좋아. 내가 먼저 시작할까?"

내가 고개를 끄덕이자 이모는 다른 사람들에게 방해되지 않도록 작은 목소리로 기도를 시작했다.

"성부와 성자와 성령의 이름으로. 아멘."

지난 금요일에 에블린과 함께 기도할 때보다 좀 더 잘 따라 할 수 있었다. 이모가 각 신비를 말할 때마다 나는 그 내용을 기억해 내려고 애썼다. 예수님이 부활하신 것도 알겠고 승천도 어렵지 않다. 그다음 성령강림은 베드로가 사람들에게 이야기하자 모두들 자기들의 언어로 들었다는 내용이던가? 그런데 성모님의 승천과 천상 모후의 관에 대해서는 완전히 헷갈린다. 오월에 성모의 밤을 했었다. 기억나는 건 한 아이가 성모상 옆에서 화관을 들고 있고, 그 앞에 예쁜 첫영성체 드레스를 입은 아이가 화관을 놓는 쿠션을 들고 서있었던 것뿐이다.

"천주의 성모님, 저희를 위하여 빌어주시어 그리스도께

서 약속하신 영원한 생명을 얻게 하소서."

이모의 기도 소리에 깊은 생각에서 깨어났다. 기도에 완전히 집중하지 못하고, 각 신비에 대한 내용도 잘 알지 못하는데도 에블린과 함께 기도한 날보다 평화롭고 편안하다.

성당 앞에 있는 십자가를 바라보면서, 예수님이 내려와 나에게 모든 것을 설명해 주셨으면 좋겠다는 생각을 했다.

생각해 보면 불과 3주 전만 해도 나는 이런 것에 관심조차 없었다. 그런데 내가 어떻게 성당에 있고 미사 전에 묵주기도를 하고 미사를 드리는지….

"와인은 안 하겠어요. 감사합니다."

이모가 메뉴판을 웨이터에게 돌려주며 말했다. 나는 이모의 태도가 의외라는 듯 눈썹을 치켜올리고, 조금은 아쉬운 듯 미소를 짓는 이모를 보았다.

"사순 시기 동안 봉헌하기로 했어. 아직 4주 남았어."

이모는 물을, 나는 루트 비어(새서프래스sassafras를 비롯한 식물의 뿌리로 만드는 갈색 빛깔의 미국식 탄산음료로 알코올 성분이 없다)를 주문했다.

우리는 〈나폴리 피제리아〉 레스토랑에 와있다. 염소젖으로 만든 치즈와 달콤한 감자가 토핑된 정말 맛있는 피자를 만드는 곳이다. 어른들은 늘 그 피자를 시키지만, 나는 항상 인디애나폴리스의 인근 지역 이름이 붙여진 메리디안 케슬러 피자를 먹는다. 소시지, 페퍼로니, 버섯, 그리고 모차렐라 치즈가 들어간, 듣기만 해도 완벽한 피자다.

웨이터가 가자 이모가 편안한 자세를 취하며 물을 한 모금 마신다.
"케이트, 어떻게 된 건지 말해보렴."
이 순간을 기다렸는데 어떻게 말을 꺼내야 할지 아직도 모르겠다. 이모는 묵주알에 대해 전혀 모르고 있으니 우선 처음부터 이야기를 시작하는 것이 좋겠다.
"그러니까 외할머니 추모식 날, 그곳에서 제가 발견한 것이 있어요."
"묵주알?"
"어떻게 아셨어요?"
"리즈 이모에게 들었어."
그럴 만도 하다. 두 분은 자주 연락을 하니까.
"지금 묵주알을 가지고 있니? 좀 볼 수 있을까?"
이모의 목소리에 간절함이 묻어있다. 이모는 지금까지 외할머니를 잃은 슬픔을 잘 견뎌왔다. 이모가 외할머니를 몹시 그리워하는 마음이 어쩌면 이모의 씩씩한 모습에 묻혔을 수도 있다. 내가 생각하는 것보다 훨씬 더 쉽지 않았을

지도 모른다.

"리즈 이모 묵주알은 에블린에게 있어요. 하지만 제 것은 있어요."

목에 걸려있는 묵주알을 빼서 이모에게 건네자, 이모는 그것을 왼손 손바닥 위에 놓고 오른손 검지로 굴려본다.

"묵주알을 모두 찾아서 외할머니의 묵주가 완성된다면 얼마나 좋을까?"

이모가 생각에 잠긴 채 말했다.

"저도 그런 생각을 했어요. 묵주알을 모두 찾아서 자기 묵주알을 갖게 되면 좋겠다는…."

그렇게 말하면서도 확신은 없다.

묵주알을 손에 꼭 쥐고 있는 이모의 눈빛이 반짝인다. 이모가 미소를 지으며 말했다.

"그래. 그렇게 되면 정말 좋겠구나. 외할머니에게 그토록 소중했던 무언가를 우리 각자가 한 부분씩 갖게 되는 거지."

아쉬운 듯 이모가 내게 묵주알을 내민다.

"묵주알 두 개를 발견한 것에 대해 엄마는 뭐라고 했니?"

"두 개가 아니에요. 우리가 가지고 있는 건 두 개지만, 총 다섯 개를 찾았어요. 나머지 세 개는 플로리다에 살고 있는, 암을 앓았던 여자아이가 가지고 있어요."

나는 잠시 말을 멈추었다가 말을 이었다.

"엄마요? 엄마는 아무 말이 없어요."

"왜 그러는데? 엄마가 묵주알을 못 찾게 하니?"

나는 어떻게 설명할지 몰라 잠시 머뭇거렸다.

"이모, 외할머니가 돌아가시고 나서 엄마는 정말 많이 변했어요. 자주 화를 내고 우울해하고 전혀 예전의 엄마 같지 않아요. 엄마는 뭘 해도 전혀 즐거워하지 않아요."

마음 아픈 말을 하는 것이 힘들어서 나는 잠시 머뭇거렸다.

"엄마는 이제 우리 가족을 좋아하지 않는 것 같아요. 더는 엄마임을 원치 않는 것 같아요. 작은 보호막 안에 들어가서 하루하루를 간신히 살아내고 있는 것처럼 보여요. 그리고 묵주알을 발견하고 나서 엄마는 더 많이 화를 내고 저와 더 멀어졌어요."

나는 내 손을 들여다보며 적절한 단어를 찾아보려 했으나 어쩔 수 없이 마음에 있는 말을 했다.

"집이 아주 지긋지긋해요."

이모가 테이블 위로 오므린 내 손을 잡고 토닥거린다.

"케이트, 그랬구나. 그렇게까지 된 줄 몰랐어. 폴과 그웬 그리고 네 아빠도 정말 힘들겠구나. 내가 어떤 답을 줄 수 없는 것이 안타깝지만, 나도 예전의 언니가 그리워. 하지만 지금은 엄마에게 치유의 시간이 필요한지도 몰라. 자기 자신을 찾을 수 있는 시간 말이야."

이모는 잠시 생각에 잠기더니 다시 말을 이었다.

"케이트, 네가 어려서 생각해 보지 않았겠지만 혹시 엄마를 위해 기도했니?"

나는 좀 무안해서 어깨를 들썩였다.

"오늘 묵주기도 한 게 처음이에요."

"부탁이 있어. 엄마가 걱정되거나 엄마에게 화날 때, 그리고 엄마의 행동에 대해 속상할 때마다 엄마를 위해 기도해 줘. 그렇게 할 수 있겠니? 성모송이나 주님의 기도를 한 번씩 바쳐도 좋아. 아니면 '하느님, 우리 엄마를 도와주세요'처럼 간단하게 기도해도 좋아. 어떤 기도든 좋아. 나도 함께 기도할게."

이모는 손을 앞으로 펼치며 말했다.

"기도의 힘은⋯ 정말 놀랍단다."

"저도 알기 시작했어요. 정말 놀라운 일이 일어나고 있어요."

나는 이모에게 그동안 있었던 일을 이야기했다. 숲속에서 묵주알을 발견한 일, 첼시와 엠마를 만난 일, 나탈리 언니와 광고지를 만들고서 기도한 일. 그리고 지난 금요일에 에블린과 함께 묵주기도를 하자 곧 빌링스 아저씨에게서 전화가 온 이야기를 하는데 주문한 음식이 나왔다. 나는 입

안 가득 피자를 먹는 중간중간에 이모에게 빌링스 아저씨와 그분의 손녀딸 한나에 대해 이야기했다.

"이모는 이 모든 일을 어떻게 생각해요?"

나는 이모가 해답을 주기를 바라며 물었다.

"저는 잘 모르겠어요. 하지만 모든 것이 우연은 아닌 것 같아요. 우연일 수가 없어요. 만일 우연이 아니라면 기적일까요?"

"글쎄, 나도 정확히는 모르지만 네 말처럼 우연은 아닌 것 같다. 나는 기적을 믿는 사람이야. 그리고 하느님은 우리의 상상을 뛰어넘을 만큼 능력이 크시고, 끊임없이 우리를 감탄하게 하시는 분이라는 걸 알고 있어."

이모가 잠시 말을 멈추자 나는 고개를 끄덕였다.

"이런 일에 대해 누구하고 이야기해야 하는지 알고 있니?"

내가 고개를 젓자 이모가 말했다.

"요셉 외삼촌이야. 분명히 이 일에 빛을 줄 거야."

나는 자리에서 벌떡 일어날 뻔했다.

"왜 그 생각을 못했을까요? 요셉 외삼촌은 분명히 답을 알고 있을 거예요!"

이모가 나를 보며 씽긋 웃는다.

"내 동생이 내가 모르는 것을 알고 있다는 게 좀 그렇긴

하지만 신학교에서 뭘 좀 배운 건 인정하지."

이모 말에 나도 웃었다. 교회법이나 성경에 대해서는 이모도 걸어 다니는 백과사전이라 불리는 요셉 외삼촌 못지않다는 것을 알고 있다. 이모가 시계를 보며 시간을 확인했다.

"외삼촌에게 전화해 볼까? 아직 늦은 시간은 아니니까 만날 수 있을 거야."

내가 동의하자 이모가 외삼촌과 통화를 끝내고 내게 전화기를 내밀며 말했다.

"외삼촌이 시내에 있는 카페에서 만나자고 하네. 그렇게 해도 괜찮은지 부모님께 물어보자."

아빠가 전화를 받길 바라면서 아빠의 핸드폰 번호로 전화를 걸었다. 혹시 엄마가 받을까 봐 집으로 전화하지 않았다. 아빠 목소리가 들려오자 안도의 숨이 나왔다. 그리고 아빠의 허락에 또 한 번 안도의 숨을 쉬었다.

이모가 음식 값을 지불하고 우리는 서둘러 자리를 옮겼다.

요셉 외삼촌이 음료수를 주문해 놓고 우리를 기다리고 있었다. 또다시 묵주알에 대한 이야기를 하는데 고장 난 축음기가 된 기분이다. 외삼촌은 고개를 끄덕이거나 질문을 했고 이모가 곳곳에서 내가 빠뜨린 이야기를 보충했다. 이야기를 마치자 외삼촌은 잠시 생각에 잠기고 나서 말했다.

"케이트, 외할머니는 신앙심이 깊으셨어. 우리는 누가 천국에 갔는지 혹은 지옥에 갔는지 알 수 없어. 나는 날마다 외할머니를 위해 기도한단다. 내가 아는 사람들 가운데 천국에 갈 수 있는 사람이 있다면 단연코 외할머니일 거야. 너도 알겠지만, 나는 외할머니가 화내는 것을 본 적이 없단다. 외할머니는 아이 일곱을 키우면서도…."

이모가 외삼촌의 팔을 잡자, 외삼촌은 잠시 말을 멈추고 이모를 향해 웃어 보인다.

"아, 기억나는 게 하나 있어. 엄마가 거의 화를 낼 뻔했지! 요셉은 너무 어려서 기억을 못 할 거야. 요셉이 두 살이고 나는 여섯 살이었어. 아빠는 지방 출장을 갔고, 요셉은 밤마다 잠도 안 자고 투정을 부렸어."

이모는 허공을 보며 추억 속으로 여행을 떠난 것 같다.

"밤 11시쯤 되어가는데, 엄마는 요셉을 데리고 몇 시간째 왔다 갔다 하며 씨름을 했지. 마침내 요셉이 잠든 줄 알고 아래층으로 내려가는데 요셉이 그 사이 일어나서 엄마를 따라간 거야. 그날 밤 요셉이 어찌나 시끄럽던지 나도 잠을 잘 수가 없었어. 그래서 내가 슬그머니 계단으로 가서 지켜봤어. 요셉이 부엌으로 들어오는 것을 본 엄마는 살짝 부엌 문으로 나가서 부엌 앞 데크에 있는 의자에 앉아있었어. 요셉이 부엌문을 열고 고개를 삐쭉 내밀더니 '엄마, 엄마' 하면서 울기 시작했어."

이모는 기억 속에서 재현되고 있는 장면을 보고 있는 것이 분명하다.

"그러니까 엄마가 뭐라고 하셨는지 알아?"

이모는 외삼촌을 한번 보더니 다시 나를 보며 웃기 시작했다.

"엄마가 흥분을 가라앉히려고 무척 애를 쓰고 있는 걸 목소리만 들어도 알 수 있었어."

이모는 목소리를 낮추어 거의 으르렁거리는 소리를 내며 말했다.

"요셉, 안으로 들어가. 엄마는 인내심을 청하는 기도를 하고 있단 말이야."

이모는 외할머니 흉내를 내며 목소리를 높여 되풀이했다.

"인내심을 청하는 기도를 하고 있다고!"

외삼촌을 바라보며 웃는 이모의 눈이 반짝인다.

"이 사건이 엄마가 가장 크게 화를 냈던 일이야."

외삼촌도 잔잔하게 웃는다.

"나는 기억이 나지 않지만 엄마는 정말 최고였어. 언제나 기도를 하셨지. 큰일이나 작은 일, 좋은 일이나 나쁜 일에도. 마치 숨 쉬는 것처럼 기도하시는 것 같았어."

외삼촌이 다시 나를 바라보며 말했다.

"케이트, 만일 우리 가운데 가장 먼저 천국에 갈 수 있는 사람이 있다면, 단연코⋯."

외삼촌은 숨을 깊이 들이마시고는 말을 이었다.

"게다가 외할머니는 성모 신심이 깊으셨어. 외할머니 집 생각나니? 방마다 문 위에 십자가가 걸려있고 방 안에 성모상이 있었잖아."

"어떤 방에는 두 개, 세 개까지 있었다니까."

이모가 덧붙이자 외삼촌이 고개를 끄덕이며 말했다.

"외할머니는 말이 아닌 행동으로 신앙을 보여주셨어. 빨래를 갤 때나, 음식을 만들 때, 바닥을 청소할 때도 늘 기도를 하셨단다. 언젠가 욕실에 갔다가 봤는데 외할머니가 무릎을 꿇은 채, 변기 뒤쪽을 닦으며 뭐라고 중얼거리셨는지 알아?"

외삼촌이 이모를 바라보자, 이모가 탁자를 두드리며 외삼촌과 함께 합창을 했다.

"은총이 가득하신 마리아님!"

품위 있는 외할머니가 변기 청소를 하면서 묵주기도 하는 것을 상상하며 나도 웃었다.

"예수님이 십자가에서 돌아가실 때 '목마르다'라고 말씀하셨는데 왜 그 말을 하셨다고 생각하니?"

이번엔 외삼촌이 사뭇 진지한 표정으로 몸을 앞으로 기울이며 나에게 물었다.

나는 잘 모르겠다는 듯이 어깨를 으쓱하며 대답했다.

"목이 마르니까 물이 마시고 싶어서가 아닐까요?"

외삼촌이 웃으며 말했다.

"물론 그렇기도 하겠지만 그 말에는 좀 더 깊은 의미가 있단다. 예수님은 사람들의 영혼에 목이 마르셨던 거야. 예수님은 사람들이 당신께 오기를 바라셨고, 당신을 통해 하느님 아버지에게 갈 수 있기를 바라셨어."

외삼촌은 그 말이 마음에 새겨지도록 한동안 기다리고 나서 다시 말을 이었다.

"혹시 그 전에 무슨 말씀을 하셨는지 아니?"

외삼촌은 눈썹을 올리며 내 대답을 기다렸지만 나는 고개를 저었다.

외삼촌이 이모에게 고개를 돌리자 이모가 대답한다.

"여인이여, 이 사람이 당신의 아들입니다. 그리고 요한에게는, 이분이 네 어머니시다."

"맞아, 바로 그거야!"

외삼촌이 웃으며 내게 고개를 돌렸다.

"예수님은 제자 요한에게 당신의 어머니 마리아를 주셨지. 예수님은 두 사람이 서로를 어머니와 아들로 받아들이

길 원하셨어. 하지만 여기에는 더 큰 의미가 있단다."

외삼촌이 커피를 마시려 할 때 나는 알아들었다는 듯이 고개를 끄덕였지만 사실 잘 모르겠다.

외삼촌이 다시 설명해 주었다.

"예수님은 모든 사람에게 마리아를 어머니로 주시고, 마리아에게는 우리 모두를 자녀로 주시려고 한 거야. 나는 예수님이 하신 말씀이 서로 연결되는 것 같아. 영혼에 목마른 예수님이 당신의 어머니에게 전 인류를 자녀로 주며 당신의 목마름을 해소시켜 달라고 부탁한 거야."

외삼촌은 조금씩 앞으로 기울였던 몸을 다시 뒤로 기대어 편안히 앉았다.

"케이트, 나는 예수님이 십자가에서 돌아가신 신비를 묵상하는 것이 가장 좋아하는 기도가 됐어. 그리고 그것을 생각할 때마다 전율을 느끼곤 해."

외삼촌은 다시 몸을 앞으로 기울이며 열정적으로 말했다.

"성모님의 가장 중요한 일은 영혼들을 그리스도에게 데려다주는 것이고, 지금은 저 위, 천국에 계시면서 사람들이 예수님을 알고 사랑하도록 일하고 계신단다. 그러니까 외할머니처럼 성모님을 많이 사랑하고, 성모님을 통해 예수님에게로 인도된 사람이 하늘나라에 가면… 그러니까 나는 성모님과 외할머니가 우리 가족 모두를 예수님 가까이 이끌기 위해 함께 일하고 계신다고 생각해. 내 삶을 봐도 그분들이 이끄시는 것이 느껴지고, 너한테서도 마찬가지일 거라고 믿어."

외삼촌은 내가 이야기를 시작하면서 탁자 위에 놓은 묵주알을 들었다.

"자동차 사고 때 어떤 목소리를 들었다거나, 암이 치유된 사건이 기적이라고 생각하냐고?"

외삼촌이 내 눈을 깊이 바라본다.

"케이트, 하느님에게는 불가능한 일이 없단다."

외삼촌은 웃으며 다시 의자에 깊숙이 기대어 앉았다. 그리고 얼굴이 점점 더 밝아지더니 눈을 반짝이며 말했다.

"하느님이 우리에게 어떤 계획을 가지고 계신지 몹시 궁금하구나!"

전화를 기다리며

늦은 밤이 되어서야 집에 왔다. 집 앞 계단을 오르면서도 요셉 외삼촌과 나눈 기분 좋은 대화가 귓가에서 맴돌았다.

집 안이 조용하다. 식구들이 모두 잠자리에 든 것 같다. 아직 끝내야 할 숙제가 남아있다는 것을 깨닫는 순간 한숨이 나왔다. 늦은 밤 탓을 하며 부엌에 들어가 물 한 잔을 가지고 위층으로 올라가려는데 검은 대리석 싱크대와 대비되는 흰 쪽지가 눈에 들어왔다.

케이트, 첼시에게서 전화 왔었다. 새로운 소식이 있다고 한다.
— 아빠가

심장이 뛴다. 틀림없이 누군가가 묵주알을 발견했다는 소식일 것이다. 재빨리 시계를 보았는데 전화를 걸기에는 너무 늦은 시간이다. 실망감으로 쪽지를 싱크대 위에 던졌다. 내일까지 기다려야 하다니!

다시 쪽지를 집어 들고 위층으로 올라가면서 밤 안개 속을 헤매는 망상에 사로잡힌 것이 아니라고 스스로를 위로했다. 방에 들어와 피곤한 눈을 부릅뜨고 역사책 위에서 춤추고 있는 글자에 집중하려고 안간힘을 썼다. 그 와중에도 구슬, 기적, 두 여인부터 시작해서 온갖 일로 마음이 산만하다.

날이 밝아 눈을 떠보니 옷을 고스란히 입고 침대에 누워있다. 잠에서 덜 깬 채 흐느적거리며 바닥에 발을 딛는 순간, 책상 위에 펼쳐진 역사책이 눈에 들어왔다. 지난밤에 읽기 시작한 그대로 펼쳐져 있다. 제2차 세계대전 연대기를 써야 할 자리에는 세 자리 숫자가 적혀있다. 193년이 20세기에 일어난 전쟁과 무슨 연관이 있단 말인가! 다시 끙끙대는 소리를 내며 시계를 보았다. 7시 10분이다. 더는 어쩔 수 없기에 책을 도로 가방에 넣었다. 이번 학기에 처음으로 과제를 못했다. 가방을 닫기가 무섭게 욕실로 뛰어 들어가 대충 세수를 했다.

부엌으로 달려가니 아빠가 출근 준비를 마치고 싱크대

옆에 서있다.

"먹을 것 좀 챙겨서 차에 빨리 타거라. 오늘은 아빠가 학교에 데려다줄 거다."

"엄마는 어디 있어요?"

"몸이 좋지 않아서 주무셔."

나는 바나나를 집으며 어깨를 으쓱하고는 아빠 차를 향해 뛰어갔다. 학교에 가면서 엄마가 늦게까지 주무시는 것이 너무 이상하다는 생각이 들었다. 해가 떴는데 엄마가 침대에 있는 것을 본 것은 지금까지 다섯 손가락에 꼽을 정도다. 학교에 도착하자마자 에블린을 찾았다. 에블린은 사물함 앞에서 모르간과 이야기를 나누고 있었다. 우리 둘 다 묵주알을 찾는다는 이야기를 학교 친구 누구에게도 말한 적이 없는 건 물론이고 그 이야기를 꺼내는 것이 아직은 조심스럽다. 나는 두 사람에게 '안녕' 하고 인사하고 나서 에블린에게 할 말이 있다는 표정을 지으며 지나갔다. 가방에서 책을 꺼내 사물함에 넣으며 1교시와 2교시에 필요한 교재를 준비하는데 에블린이 왔다.

"무슨 일 있어?"

에블린이 속삭였는데도 목소리는 컸다.

"첼시에게서 전화가 왔어. 새로운 소식이 있대."

에블린이 '꺄악' 하며 들떠서 박수를 친다.

"와! 무슨 일이래?"

"나도 몰라. 어제 내가 집에 없어서 아빠가 메시지를 받았어."

"전화 안 해봤어?"

에블린이 믿을 수 없다는 듯이 묻는다.

"아직, 어젯밤에는 너무 늦고 오늘 아침에는 너무 일러서."

"일요일 밤에 집에 늦게 오다니 무슨 일이야?"

"메리 엘렌 이모와 성당에 가서 미사를 드렸어. 그런 다음 저녁을 먹으면서 이모에게 그동안 있었던 일을 모두 말했어. 결국 요셉 외삼촌까지 만나서 삼촌이 문제에 대한 진단까지 해줬어."

에블린의 눈썹이 올라간다. 많은 질문을 하고 싶어 하는 눈치이나 수업 종이 울렸다.

"수업 끝나면 우리 집에 가서 첼시에게 전화하자."

빠른 걸음으로 복도를 걸으며 에블린이 제안했다.

"좋아. 엄마가 허락한다면….”

나도 엄마를 신경 쓰지 않는 편안한 곳에서 첼시에게 전화하는 것이 좋다.

우리는 자리에 앉아 마지막 수업 종이 울릴 때까지 조용히 있었다.

차들이 줄지어 대기하고 있는 학교 앞에서 차 안에 있는 엄마를 보고 깜짝 놀랐다. 엄마는 눈 밑까지 다크서클이 길게 내려앉은 데다 몸을 비스듬히 운전대에 기대고 있었다. 뒷좌석에 있는 그웬과 폴의 얼굴에도 엄마를 걱정하는 표정이 역력하다.

"엄마, 괜찮아? 얼굴이 엉망이야!"

생각 없이 불쑥 나온 말에 놀라 나는 얼른 손으로 입을 막았다.

엄마는 나를 쳐다보지 않은 채 고개를 흔들고서 손으로 차에 타라는 시늉만 한다. 나는 약간 어색하게 말했다.

"사실은 에블린이 오후에 자기네 집에 가자고 했는데…. 하지만 내가 운전해 주기를 바란다면…."

"에블린 집에 가도 돼!"

엄마 목소리가 조금 이상하다.

내가 주저하자 엄마가 다시 말했다.

"제발 빨리 에블린 집으로 가."

순간 깨달았다. 엄마는 내가 집에 있는 걸 싫어한다는 것을….

에블린과 함께 걸어가는데 두 감정이 엇갈리며 싸움을 한다. 에블린 집으로 가면 엄마의 마음을 상하게 하거나 화나게 하지 않고 첼시에게 전화할 수 있으니까 좋다. 그리고 잠깐이라도 어두운 집 분위기를 벗어날 수 있어서 좋다. 하지만 엄마가 나를 싫어하는 게 몹시 마음 아프다. 나를 그토록 싫어할 만큼 내가 무슨 일을 한 걸까? 그것이 무엇이든 엄마를 괴롭히는 무언가를 계속하고 싶은 마음과, 엄마의 사랑을 되찾을 수만 있다면 무슨 일이라도 하고 싶은 마음이 왔다 갔다 한다.

한편 에블린의 수다는 계속되었다. 우리 반에 에블린이 좋아하는 미첼이라는 남자애가 있다. 에블린은 끊임없이 그 애에 대해 말하고 있다. 오늘 입고 온 옷과 눈동자 색 그리고 아침에는 자기에게 '안녕' 하고 인사를 했고, 점심으로 피자를 좋아하는지 물었다는 등. 에블린이 하는 말에 맞춰주는 일이 그리 어려운 건 아니다. 가끔 '음~ 흠~' 하고 장단을 맞추거나 '정말?' 하고 반응하기만 하면 된다. 머릿속에 밀려드는 수많은 생각과 싸우면서 말이다. 에블린 집에 도착할 때까지도 나는 결론에 도달하지 못했다. 그러나 한 가지 알게 된 것이 있다. 이제 묵주알을 발견한 일을 되돌릴 수 없다는 것과, 그럴 수 있더라도 그러고 싶지 않다는 것이다. 그리고 다른 묵주알을 찾는 일을 결코 멈추지 않을 것이다. 그러니 엄마도 감수해야 한다.

에블린 집에 도착하여 외숙모에게 인사하고 나서 부엌을

이리저리 다니며 간식거리를 찾았다. 외숙모에게는 첼시에게 새로운 소식이 온 것을 말씀드리고 위층으로 올라갔다.

첼시가 일하는 가게에 전화를 하니 휴무다. 다시 첼시의 핸드폰 번호로 전화를 걸었는데 전화를 받지 않는다. 첼시에게 메시지를 남기고 에블린과 숙제를 하며 전화를 기다렸다. 한 시간이 지나 전화벨이 울렸다. 발신자 번호를 보고 첼시라는 것을 알았다.

"여보세요. 첼시?"

"안녕! 전화를 못 받아서 미안해. 학교에 있었어. 그런데 내 메시지 받았니?"

"응, 무슨 일이야?"

"어제 가게에 온 어떤 여자분이 전단지를 읽고 있었어. 문 옆에서 한참 동안 보고 있어서 내가 가서 물어봤지. 그랬더니 어찌해야 할 지 모르겠다는 거야. 이야기를 들어보니 구슬을 하나 발견했는데 지금은 가지고 있지 않다고 했어."

그 순간 흥분된 기운이 빠져나갔다.

"지금은 없다고?"

첼시의 말을 반복하며 다시 물었다.

"어떻게 된 거야?"

"글쎄, 나도 잘 모르겠어. 그분은 동생에 대해 무언가 말하려고 하다가, 시계를 보더니 빨리 일하러 가야 한다면서

명함을 주기에 너한테 전해주겠다고 했어."

첼시에게서 그 여자분의 이름과 연락처를 받고, 나는 첼시에게 빌링스 아저씨와 손녀 한나의 치유에 대해 말해주었다.

"엠마가 자동차 사고에서 목숨을 건지더니, 이젠 아이가 암에서 치유되다니! 또 어떤 일이 일어날지 궁금해지는걸."

"맞아, 정말 놀랍지 않아? 그런데 그 여자분과는 일이 끝나기 전에 연락하는 게 좋겠어. 무슨 일인지 나중에 말해줄게."

전화를 끊었다. 에블린이 옆에서 귀를 바짝 대고 듣고 있어서 다시 설명해 줄 필요는 없었다. 생각할 시간이 있으면 더 긴장될 것 같아서 즉시 전화를 걸었다. 벨이 두 번 울리고 누군가가 전화를 받자 심장이 뛰었다.

"핸드릭 소아과에 베쓰입니다. 무엇을 도와드릴까요?"

"저… 안녕하세요? 저기… 저는 케이트인데요, 제가 찾고 있는 구슬을 발견했다고 들었어요."

말을 자꾸 더듬는다.

"안녕, 케이트. 칠팔 개월 전쯤 길가에서 구슬을 발견했어. 강아지와 산책을 하다가 주웠는데 지금 나한테 없어."

이미 들었는데도 그 말을 다시 듣는데 심장이 내려앉는 것 같다.

"네, 첼시가 말해줬어요. 그 가게에서 만난 아이요. 그런데 지금 그 구슬이 어디에 있는지 알아요?"

그녀는 무언가를 떠올린 듯 깊은 한숨을 내쉬었다. 에블린도 들을 수 있도록 나는 수화기를 다시 잡았다.

"나한테 남동생이 있는데… 마흔두 살이야."

낮은 웃음소리가 들린다.

"참 나, 어느새 우리가 이렇게 나이를 먹은 거지? 하여튼 내 동생 제임스가…."

무언가를 망설이는 듯 한동안 말이 없어서 전화가 끊어진 줄 알았다.

"저, 간단히 말해서 제임스는 노숙자에 마약중독자야. 동생은 가끔씩 제정신이 들면 공중전화로 내게 전화를 해. 그러면 시간과 장소를 정해서 둘이 만나곤 하지. 그런데 그 구슬에 동생 이름의 이니셜인 J C L이 새겨져 있어서 이상했는데 더 이상한 건 그날 산책에서 돌아오자마자 동생에게서 전화가 온 거야."

그때 에블린이 '헉' 하고 숨을 내쉬었다. 순간 나도 팔이 후들거려서 전화기를 힘주어 잡았다.

"동생의 목소리가 몹시 안 좋았어. 동생을 꼭 만나야 할 것 같은 생각이 들어서 약속을 잡았어. 다음 날, 제임스를 만나서 동생의 이니셜이 새겨진 구슬을 준 거야. 동생에게 어떤 의미가 있는 것 같아서. 하지만 지금은 괜한 짓을 한 것 같고 네게 너무 미안하구나."

베쓰 아줌마가 말을 멈추자 나는 어떻게 말해야 할지 몰라 에블린을 쳐다보았다. 그런데 내가 말을 꺼내기 전에 베쓰 아줌마가 급히 말했다.

"어쩌면 동생이 그 구슬을 누군가에게 전당 잡혔거나 마약하고 바꾸었을지도 몰라서 돌려받을 수 있을지는 모르겠어. 그 뒤로 동생에게서 전화가 오지 않아."

베쓰 아줌마가 숨을 깊이 들이마셨다가 내뱉는다.

"이렇게 오랫동안 연락하지 않은 적이 없었는데…. 요즘은 경찰에게서 연락이 오든가, 노숙자가 죽었다는 소식을 뉴스로 듣게 되지 않을까 하는 염려를 줄곧 하고 있단다."

나는 완전히 할 말을 잃고 어색하게 다음 말을 기다렸다. 베쓰 아줌마가 헛기침을 하더니 말을 이었다.

"상황이 이렇지만 전화번호를 알려주렴. 동생한테서 전화가 오면 연락할게. 그 구슬에 대해 물어보고 가능하다면 꼭 돌려준다고 약속할게."

베쓰 아줌마에게 전화번호를 알려주고 나서 분명히 동생은 괜찮을 거라고 위로의 말을 하고 전화를 끊었다. 그러고 나서 나는 풀이 죽은 채 침대에 가서 앉았다.

에블린이 내 어깨를 감싸준다.

"또 다른 묵주알도 있잖아."

"알아, 하지만 광고지를 본 두 사람 모두 묵주알을 가지고 있지 않다고 하니까 아무런 성과가 없는 것 같아서 그래."

에블린이 단호하게 말했다.

"케이트, 우린 묵주알을 찾게 될 거야. 포기하지 마. 모든 것은 이유가 있어서 일어나는 거야. 나는 알 것 같아! 그런데 너 기도는 하고 있어?"

나는 약간의 죄책감을 느끼며 말했다.

"잊고 있었어."

내 대답에 에블린이 말했다.

"솔직히 말하면 나도 잊고 있었어. 하지만 지금이라도 다시 시작한다면 늦지 않아. 이제 가야 하니까 나중에 전화할게. 그럼 전화로 함께 묵주기도 할까?"

"정말? 근데 좀 이상하지 않을까?"

"뭐가 이상해? 나는 엄마가 성당 친구들과 전화로 묵주기도 하는 걸 종종 봤는데."

"알았어. 역사 숙제를 마칠 수 있다면 그렇게 하자. 어젯밤에 잠이 드는 바람에 숙제를 끝내지 못했거든"

"어머나, 그럼 퍼킨스 선생님한테 야단맞은 거야?"

"아니, 이번 학기에 처음 있는 일이어서 선생님이 비교적 잘 넘어가 주셨어. 하지만 내일까지 끝내지 못하면….”
"괜찮아, 만일 오늘 저녁에 다 끝내지 못하면 내일 하면 되지 뭐.”

요즘은 자주 에블린의 단호한 태도를 보게 된다. 물론 에블린은 소프트볼 게임이나 경주 그리고 학교 숙제를 할 때 단호했지만 기도를 고집하는 모습은 무척 생소하다. 지금 일어나는 이상한 일이 에블린을 더욱 단호하게 만드는 것이 틀림없다.

엄마가 아프다

에블린의 집에서 30분쯤 걸어 집에 오니, 폴과 그웬이 소파에 앉아 거의 소리도 들리지 않을 만큼 볼륨을 줄여놓고 텔레비전을 보고 있다.

"얘들아, 뭐 하는 거야?"

마치 총소리라도 들은 것처럼 동생들이 깜짝 놀란다. 그웬이 손가락을 입술에 대더니 소리 내지 말라는 시늉을 하고, 폴은 속삭인다고 말하는데 큰 소리로 나를 꾸짖는다.

"조용히 해. 엄마가 듣겠어!"

나는 의아한 표정으로 동생들을 쳐다보며 소파 옆에 있는 의자에 앉았다.

"무슨 일이야?"

내가 소곤거리며 묻자 폴이 대답했다.

"몰라. 엄마가 안 좋은 거 같아. 학교에서 돌아오자마자 곧장 방에 들어가서 지금까지 나오지 않아. 우리가 시끄럽게 하면 조용히 하라고 소리 질러."

그때 어디선가 낑낑거리는 소리가 들려왔다.

"앰버는 어디 있어?"

"우리가 앰버를 가두었어. 엄마 방문을 자꾸 발로 긁어서 엄마가 엄청 화를 냈어."

나는 장녀로서 집에 무슨 일이 있는지 아는 것이 내 임무라고 생각한다. 조심스럽게 발끝을 들고 마룻바닥에서 삐걱거리는 소리가 날 때마다 몸을 움찔거리며 계단을 올라갔다. 복도 끝에 있는 엄마 방에 가서 문을 살짝 두드린 다음 조심스럽게 방문 손잡이를 돌려 아주 살짝 문을 열었다.

"엄마."

낮은 소리로 엄마를 부르며 어두운 방을 조심스레 들여다보았다. 창문에 블라인드가 내려져 있어서 빛이 전혀 들어오지 않는다. 침대 위에 이불을 덮고 누워있는 엄마의 형체만 보일 뿐이다.

"엄마, 괜찮아?"

엄마가 머리 위로 베개를 끌어당기며 대답했다.

"괜찮아, 혼자 있게 해줘."

어찌할지를 몰라 잠시 그대로 서있었다. 엄마가 방해받고 싶어 하지 않는 것이 분명하지만 괜찮지 않은 것도 분명하다. 다시 조심스레 문을 닫고 내려왔다.

숙제를 하려고 가방을 드는데 배 속에서 꼬르륵 소리가 난다. 저녁 식사 시간이 되어가도 엄마는 식사 준비할 생각조차 하지 않는다.

소파에 앉아있는 동생들을 부러운 눈으로 보면서 내가 해야 할 일을 생각했다. 숙제도 해야 하지만 지금은 저녁 준비를 해야 한다.

냉장고와 찬장을 들여다보며 내가 요리할 수 있는 것이 무엇인지 고민했다. 냉장고 안에 치즈가 있는지 확인하고 나서 결국 치즈 샌드위치와 토마토 수프를 만들기로 했다. 고급스러운 식사는 아니지만 이래 봬도 난 열여섯 살이다. 이 정도는 해야 할 나이가 아닌가. 최소한 시도는 해보련다. 실패하더라도 아빠가 돌아오면 피자를 배달시켜 먹을 수 있다.

커다란 전기 그릴에서 마지막 샌드위치가 완성되어 갈 때 아빠가 왔다. 나는 식탁을 준비하면서 큰 그릇에 포도를 놓을 생각까지 했다. 식사 준비가 대체로 잘된 것 같아 흡족하다. 아빠는 내가 저녁 준비를 하는 것을 보고 근심스러운 표정으로 물었다.

"엄마는 어때?"

"침대에 누워있어요. 어디 아픈 거예요? 굉장히 안 좋아 보여요."

"케이트, 나도 모르겠다."

힘겹게 의자에 앉는 아빠의 표정은 마치 세상의 모든 짐을 진 것 같다.

"외할머니가 돌아가신 일이 엄마에게는 감당할 수 없는 무게가 아닌가 하는 생각이 든다."

"말이 안 돼요. 물론 외할머니가 돌아가시고 나서 엄마가 변했지만 그 일이 처음 일어났을 때도 엄마는 저렇게 침대에만 있지 않았어요. 1년이 지났는데 엄마는 왜 더 나빠지죠?"

"이해하기 힘들다는 걸 알아."

아빠는 깍지 낀 손을 이마에 대더니 나를 바라본다.

"내 생각에는 한동안 참고 있던 엄마가 사고 현장에 가면서 그리고 또 다른 일들이 생기면서 더는 참을 수 없게 된 것 같아."

또 다른 일이 생겼다는 아빠의 말을 이해해 보려고 노력하면서 아빠를 보았다. 묵주알을 말하는 것이 틀림없다. 죄의식이 느껴지는 것인지 화가 나는 것인지 아님 둘 다인지 잘 모르겠다. 그리고 어떻게 반응해야 할지도 모르겠다. 샌드위치 빵이 타지 않게 하려고 그릴을 살폈다. 눈물이 눈앞을 가리고 목이 메었지만, 아빠에게 저녁이 준비되었으니 동생들을 불러달라고 했다.

의자가 뒤로 밀리는 소리가 들리고 곧 내 어깨에서 아빠의 따뜻한 손길이 느껴졌다.

"케이트, 우리가 어떻게 하면 좋을지 알게 될 거야. 다 잘 될 거야."

아빠는 폴과 그웬을 부르기 전에 엄마를 보러 갔다.

음식은 꽤 훌륭했지만 식사 시간은 조용했다. 엄마는 식사를 원하지 않았다. 아빠가 몇 번 분위기를 띄워보려고 했지만 모두 엄마를 걱정하고 있다. 식사가 끝나자 아빠가 나를 안아주며 저녁 식사를 준비해 줘서 고맙다고 했다.

"우리가 설거지를 할 테니 너는 네 방에 가서 숙제하렴."

간단한 식사에 비해 어질러진 부엌을 보면서 아빠에게 고마운 마음이 들었다. 나는 아빠에게 웃어 보이고는 조용히 내 방으로 올라갔다. 엄마의 방문은 여전히 굳게 닫혀있고, 문 아래로 빛도 새어나오지 않는다.

나는 역사를 좋아한다. 하지만 아침에 이미 끝냈어야 할 연대기를 작성하려는데, 오늘 밤에는 제2차 세계대전이 도무지 내 관심을 끌지 않는다. 엄마에 대한 걱정과 베쓰 아줌마와 동생 제임스 아저씨에 대한 생각으로 머릿속이 산만하다. 한나에게서 엄마의 묵주알을 되찾아 올 수 있을지에 대한 걱정도 끊이질 않고, 구슬을 발견했다는 연락이 왔는지도 궁금하다.

8시 30분쯤 되니 전화벨이 울린다. 혹시나 엄마에게 방해가 될까 봐 재빨리 수화기를 들었다. 에블린이 함께 묵주기도를 하자고 한다. 나는 속으로 신음 소리를 냈다. 1시간 내내 연대기를 보고 있었지만 겨우 날짜 세 개만 적었다. 게다가 수학 숙제도 남아있다. 지금 가장 시간을 할애하고 싶지 않은 일이 바로 20분 동안 해야 할 기도다.

에블린이 공격적으로 치고 들어온다.

"케이트, 숙제 다 했어?"

"아니, 아직 한참 멀었어."

"좋아, 그럼 빨리하자. 15분이면 할 수 있어. 정말이야."

"에블린, 실은 숙제에 집중할 수 없는 복잡한 상황이야. 나는 정말 기도할 시간이 없다고."

"그렇기 때문에 지금 기도해야 해. 지난 금요일에 함께 기도하고 나서 기분이 어땠어?"

"편안해졌어."

나는 마지못해 인정했다.

"그리고 이모하고 성당에 가서 미사 전에 묵주기도 했

지?"

"응."

다시 마지못해 인정했다.

"그러고 나서는 어땠어?"

에블린이 의기양양하게 묻는다. 이미 대답을 알고 있는 것이 분명하다.

"더 좋아졌어. 하지만 나는 다른 지향으로 기도했고 그때는 성당 안이었잖아. 전화로 기도한 게 아니라고. 이렇게 하는 건 좀 우스운 거 같아. 나는 할 일이 산더미고 너무 피곤해서 빨리 끝내고 자고 싶어."

"미안하지만 어쩔 수 없어. 성부와 성자와 성령의 이름으로. 아멘. 전능하신…."

조금도 물러서지 않는 에블린의 태도에 입을 다물지 못하면서도 어느새 내 오른손이 자연스럽게 성호경을 긋고 있다. 진지하게 전화를 끊을까도 생각했지만 그렇게 하면 너무 무례한 것 같다. 내 안에서 계속 싸움이 일어나고 있다. 기도할까, 끊을까, 기도할까, 끊을까, 기도할까, 끊을까…. 에블린은 빛의 속도로 묵주기도를 하고 있다. 너무 빨라서 무슨 말인지 알아듣지도 못할 정도다.

"은총이가득하신마리아님기뻐하소서주님께서함계계시니…."

이것도 기도라고 할 수 있나?

벌써 2단을 시작하고 있다. 하지만 나는 우리가 무슨 신비로 기도하고 있는지도 모른다. 예수님의 탄생? 돌아가심? 정말 모르겠다!

에블린이 그다음을 기도할 때 드디어 무슨 신비인지 알았다. 환희의 신비! 그 내용은 기억할 수 있다. 예수님 탄생, 마구간, 목동들, 동방박사….

예수님을 성전에 바치심은 무슨 내용인지 잘 모르겠다. 그다음 성전에서 찾으심도 모르겠다.

어느새 에블린이 기도를 마무리할 때쯤 나는 침대 옆에서 무릎을 꿇고 있었다. 정신을 차리고 숨을 고르자 마음이 한결 나아졌다.

"자, 끝났어. 지금까지 에블린이었습니다. 이제 가서 숙제해. 내일 봐!"

에블린이 크게 입 맞추는 소리를 내고 나서 낄낄댄다. 이어서 '딸깍' 하고 전화를 끊는 소리가 났다.

책상에 앉아 20분 만에 연대기를 끝냈다. 그다음 수학은 식은 죽 먹기다. 어느새 침대 안에 들어가 있다. 나는 곧바로 잠이 들었다.

기도에 대한 에블린의 믿음이 강해서였을까? 다음 날 아침, 모든 것이 잘되리라는 확신을 가지고 눈을 떴다. 아침을 먹으러 내려갔는데 엄마의 모습이 보이지 않는다. '또 아빠가 학교에 데려다주는 것이 분명하다. 아빠를 귀찮게 하고 싶지 않아서 더는 묻지 않았다. 대답은 '엄마가 몸이 안 좋아서'일거다.

학교에 가기 전에 전화벨이 울리기를 기대했다. 그러기에는 너무 이른 시간이나 지난번 에블린과 함께 기도했을 때는 정말 몇 분 내로 전화가 오지 않았던가!

기도한 지 사흘이 지났다. 사흘 동안 전화가 한 통도 오지 않았다. 실망이다. 게다가 엄마는 창문 블라인드를 내린 채 방에만 웅크리고 있다. 이제 나는 창밖으로 묵주를 내버릴 준비가 되어있다. 기도의 효험이 없다.

어쩌면 이모가 이 문제에 빛을 줄 수 있으리라는 생각에 전화기를 들었다가 기도하라는 말만 들을 것 같아 내려놓았다. 그러다 지난 일요일 저녁에 요셉 외삼촌이 했던 말이 생각나서 다시 전화기를 들었다. 나는 지금 어떤 '지혜로운 말'도 듣고 싶지 않다. 내가 원하는 것은 그저 엄마가 침대에서 나오고, 묵주알을 발견한 다섯 사람 정도가 전화해 주는 것뿐이다. 전화기를 다시 내려놓았다. 그리고 이모에게 전화하고 싶은 유혹을 잊기 위해 저녁 식사 준비를 하러 아래층으로 내려갔다. 또다시 말이다.

엄마, 묵주기도, 그리고 이모에게 전화하는 것에서 벗어나고 싶다. 게다가 마카로니와 샌드위치는 평생 먹을 것을 다 먹었으니 오늘은 엄마의 요리책을 꺼내 우리 가족이 좋아하는 이태리 파스타를 만들어야겠다. 엄마가 자주 만들어 주던 그 요리는 재료를 찾기도 쉽다. 냉동실에 있는 햄버거 고기와 소시지는 전자레인지에서 해동하여 팬에 넣으면 되고, 냉장고에 양파 한 개와 피망 반 개도 있다. 팬에서 고기가 살짝 익는 동안, 야채들을 썰어놓고, 물을 끓여서 로티니 파스타를 넣었다. 그러고 나서 제법 그럴듯하게 팬에 있는 고기를 골고루 으깨가며 익혔다.

요리를 하다 보니 부엌에서 엄마를 돕던 일이 생각난다. 처음에 엄마는 어린 나에게 양을 재거나 음식을 젓는 일을 시켰다. 그러다 여덟 살이 되어 처음으로 칼을 사용했을 때, 내가 많이 컸다는 느낌이 들었었다. 의자 위에 올라서서 양파를 써는데 눈물이 흘러 당황하기도 했다. 그때는 눈물이 흐르는 이유를 몰랐다.

"케이트, 누구나 양파를 썰면 눈물이 난단다. 엄마도 그래! 자, 보여줄게."

엄마는 내 손에서 칼과 양파를 가져가더니 금세 앞치마 자락으로 눈물을 닦으며, '이것 봐' 하고 크게 웃었다. 그러고 나서 엄마와 나는 서로 간지럽히며 바닥을 구르면서 깔깔댔는데….

그때를 추억하니 입가에 미소가 번진다. 우리 엄마가 이렇게 변할 줄 누가 상상이나 했을까? 엄마의 그림자 같은 엄마라니…. 그런데 최근 며칠은 그림자도 아니다. 완전히 텅 비었다.

또 눈물이 흐른다. 양파 때문이 아니다. 무슨 수라도 써야 한다. 더는 이렇게 살 수 없다. 나는 진심으로 엄마가 걱정된다. 요즘 엄마가 음식을 먹는 것을 본 적이 없다. 학교에서 돌아오면 엄마 방문을 살짝 열어 베이글이나 사과를 조금씩 갖다 놓았는데 엄마는 간신히 한두 입 먹을 뿐이다. 내일은 아빠에게 바닐라와 오렌지 크림이 섞인 요구르트를 사다 달라고 해야겠다. 엄마는 거의 먹지도 않으면서 어떻게 견디는 걸까?

한나를 찾아가기로 한 여행에 대해서는 그 뒤로 아빠에게 물어보지 않았다. 하지만 오늘 밤에는 꼭 물어봐야겠다. 따뜻한 날씨와 태양이 우리 모두에게, 특히 엄마에게 좋을 것 같다. 엄마는 침대에서 나와야 한다. 이 상황에 엄마가 가려고 할지 모르겠지만 말이다. 생각할수록 한나와 그 가족이 기꺼이 묵주알을 돌려줄 것 같다. 한나는 이제 좋아졌다. 묵주알이 엠마와 한나에게 기적을 일으킨 것이라면, 엄마도 변화되도록 도와줄지 누가 아는가?

생각에 깊이 잠겨있다가 고개를 흔들고 보니 고기가 거의 익었다. 얼른 양파와 피망을 넣었다. 마지막으로 준비한 재료를 모두 넣고 맨 위에 치즈를 얹었다. 그러고 보니 오븐을 예열하는 걸 깜빡 잊었다. 다시 오븐이 예열되기를 기다리며 책을 읽다가, '땡' 하고 신호가 울리자 준비된 것을 넣었다. 그러고 나서 뒤로 한 걸음 물러서서 주방을 점검했다. 이제 주방은 내 주 무대가 되었다. 내 모든 걱정이 엄마를 향하고 있지만, 나 자신이 대견하다. 이젠 부엌을 어지럽히지도 않는다. 내 요리가 냄새처럼 맛있다면 좋겠다. 그러면 우리 가족이 오랜만에 제대로 된 저녁 식사를 즐길 수 있을 텐데. 30분쯤 지나 오븐에서 음식을 꺼내어 식탁에 올려놓았다. 음식에 자신만만해진 나는 요란스럽게 아빠와 동생들을 불렀다.

동생들은 허겁지겁 맛있게 먹는데 아빠는 음식을 들었다 놨다 할 뿐이다.

그웬이 묻는다.

"과일은 없어?"

식탁을 둘러보고서야 엄마를 생각하느라 다른 것은 내놓지 않았다는 것을 깨달았다. 과일을 가져오려고 일어서는데 아빠가 내 어깨를 잡으며 당신이 가져오겠다고 했다.

아빠는 복숭아를 식탁에 놓고서 여전히 식사는 하지 않

고 우리 셋을 번갈아 보고 있다. 동생들은 열심히 과일을 먹고 나는 아빠를 보았다. 아빠가 헛기침을 하고는 의자에 똑바로 앉는다. 그러고는 깍지 낀 두 손을 식탁 위에 올려놓더니 입을 열었다.

"얘들아, 할 말이 있다. 엄마에 대한 이야기야."

아빠는 우리를 하나하나 보면서 우리가 집중하고 있는지 확인했다.

"저, 엄마가… 상태가 조금 안 좋아."

엄마는 나흘 동안이나 방에서 나오지 않았다. 조금 안 좋다는 말은 절제된 표현인 것 같다.

"네, 우리도 알아요."

폴이 작은 목소리로 말했다.

"내 생각에 엄마는 도움이 필요한 거 같아."

아빠가 손으로 눈을 비비는 모습을 보며, 아빠가 얼마나 피곤한지 알 수 있었다.

"정신과 의사인 아빠 친구와 상담해 봤어. 엄마가 아무것도 먹지 않고 종일 침대에만 있다고 하니, 걱정되는 부분이 있다면서, 엄마가 어디를 좀 가 있는 게 좋을 것 같다고…."

아빠가 또 헛기침을 한다.

"그러니까 몇 주 동안… 건강 센터에 가 있으면 좋겠다고 했어."

평상시에 말을 잘 하던 아빠가 더듬는다. 아빠가 양손에 얼굴을 묻는다. 눈물을 참으려는 것처럼, 손가락으로 눈 안쪽 끝을 누른다. 아빠가 얼굴을 들었을 때 손가락이 젖어있었다.

"아빠가 오늘 오후에 엄마와 이야기했는데, 엄마가 그렇게 하겠다고 했어. 엄마는…."

아빠가 식탁에 둘러앉은 우리를 다시 번갈아 본다. 마치 우리를 설득이라도 하는 것처럼 말이다.

"엄마도 뭔가 잘못됐다는 것을 알고 있고 이런 상황을 원치 않아. 다만 거기서 빠져나올 방법을 모르는 거야."

아빠는 잠시 말을 멈추고 깊은 한숨을 쉬었다.

"좋은 곳을 찾았어. 엄마가 안정을 되찾을 거라면서, 아빠 친구가 강력하게 추천한 곳이야. 특히 우울증이나 슬픔 같은 치료를 필요로 하는 사람들을 돕는 곳이래. 내일 너희가 학교에 가면 아빠가 엄마를 데리고 건강 센터에 갈 거야."

아빠의 설명을 듣고 있는데 온갖 감정이 밀려온다. 무엇보다 안도를 느끼는, 약간은 죄스러운 감정이다. 그동안 집에서 엄마와 생활하는 것이 아주 끔찍했기 때문이다. 살금살금 다녀야 하고 들여다보지 말아야 하고 조금도 금 밖으로 나가서는 안 되는 생활, 정말 끔찍한 삶이다. 다시 전처럼 집에서 사는 생각만 해도 행복 그 이상이다.

한편으로 더없이 슬프다. 엄마가 정신병원 같은 시설에 간다는 사실이 믿기지 않는다. 우리 엄마는 그것보다 강해야 하지 않나? 나는 엄마에게 기대고 싶고, 울고 싶을 때, 축하받고 싶을 때, 웃고 싶을 때, 항상 내 곁에 엄마가 있기를 바랐다. 물론 거의 1년 동안 그러지 못했다. 하지만 이 상황은 그것보다 더 싫다.

한편 사람들에게 좀 창피하다. 엄마가 갑자기 사라진 것에 대해 뭐라고 설명할까? '오, 우리 엄마가 정신병원에 들어갔어' 아니면 '이젠 어두운 방만으로 안 돼서 두꺼운 벽이 있는 방으로 갔어'라고 말해야 하나? 나는 어느새 진실을 포장한 온갖 핑곗거리를 상상하고 있다. '우리 엄마가 휴식이 필요해서 잠깐 혼자만의 휴가를 갔어.'

마지막으로 화가 난다. 이모와 엄마를 위해 기도한 것도 화가 나고, 월요일 밤에 에블린과 기도한 것도 화가 난다. 기도가 분명히 도움이 됐어야 하지 않나? 하지만 그렇지 않다. 엄마는 상황이 더 나빠졌고 이제 희망이 보이지 않는다. 기도의 결과가 겨우 이거라면 뭐 하러 기도하지? 무엇 때문에 귀찮은 일을 해야 하나? 나는 이 모든 일이 일어나기 전의 삶이 훨씬 좋았다는 걸 생각하기 시작했다. 묵주알을 찾기 전, 놀라운 이야기를 듣기 전, 8년 동안 그까짓 묵주기도를 하지 않았을 때가 훨씬 살기 좋았다!

동생들이 아빠에게 질문을 하고 있지만 더는 듣고 싶지 않다. 나는 의자를 뒤로 밀치고 벌떡 일어나 '이제 먹기 싫어졌어' 하고 말하고는 계단을 뛰어 내 방으로 올라왔다.

베개를 몇 번 힘껏 내리쳤다. 그래도 화가 풀리지 않아 벽을 향해 던졌다. 보이는 대로 쿠션을 던지다 보니 화장대 위에 있던 발레리나 인형을 정통으로 맞혔다. 네 살 때 외할머니가 사주신 것이다. 사기로 된 인형은 바닥으로 떨어지면서 산산조각이 나고 말았다. 잡으려고 했지만 이미 늦었다. 인형 조각을 줍는데 눈물이 폭포처럼 쏟아졌다.

왜? 왜 나에게 이런 일이 일어나는 거지? 내가 무슨 큰 잘못을 했나?

인형 조각을 하나씩 휴지통에 던졌다. 철제 휴지통에 부딪힐 때마다 '쨍' 하고 시원스런 소리를 냈다.

'틀림없이 나 때문이야. 내가 이 모든 일이 일어나게 한 거야. 내가 그웬에게 못되게 굴었고, 언제나 엄마 말을 안 들었어. 집안일도 잘 돕지 않았어.'

인형 조각을 버리고 나서 몸이 부서질 듯 흐느끼며 맹세했다. '잘할게요. 약속해요. 더 잘하겠다고 약속할게요. 돌려만 주세요. 우리 엄마를 돌려만 달라고요.'

계속 웅얼거리며 몸을 공처럼 웅크렸다. 조금이라도 마음이 편해지고 싶은데 도무지 안 된다.

조용히 방문이 열리더니 아빠가 들어왔다. 울음이 잦아들어 딸꾹질을 하고 있는 나를 아빠가 안아주었다. 아기가 되면 좋겠다. 아빠가 나를 침대에 눕혀주고 이불을 덮어주고 품에 안아주면 좋겠다. 하지만 나는 어린아이가 아니니 이것으로 만족해야 한다. 딱딱한 바닥 위에서, 아빠가 따뜻하고 힘 있는 팔로 나를 안고 앞뒤로 천천히 흔들흔들 움직인다.

아빠는 말이 없다. 무슨 말을 한다면 아빠의 온화함이 전해주는 위로를 망쳐버릴 것 같으니 이대로가 좋다.

딸꾹질이 멈추자 아빠의 품에 안겨 있는 내가 바보스럽게 느껴졌다. 일어서려는데, 아빠가 나를 잡으며 말했다.

"케이트, 힘든 일인 거 알아. 폴이나 그웬보다 너한테 더 힘들지도 몰라. 이런 일을 겪게 해서 미안하구나. 지난 1년 동안 있었던 모든 일에 대해 네게 미안하고 너를 위해서라도 이런 일이 일어나지 않는다면 좋겠어. 그런데 그럴 수가 없구나."

아빠가 다시 나를 꼭 안아주었다.

"엄마는 좋아질 거야. 하지만 그런 일이 하루아침에 일어나는 건 아니야. 우리는 함께 힘을 모아 이 일을 견뎌야 해."

"엄마가 좋아지려면 얼마나 걸릴까요?"

"건강 센터에서 엄마가 안정되는데 얼마나 걸리는지에

달려있어. 몇 주가 될지 모르나 안정되면 통원 치료를 하면 될 거야."

"우리도 엄마를 방문할 수 있나요?"

그렇게 물었어도 정말 내가 그것을 원하는지는 분명하지 않다.

"아직은 잘 몰라. 내일 더 자세한 걸 알게 될 거야."

"그러면 봄방학에 한나를 만나러 플로리다에 갈 수 있는 건가요?"

고개를 들어 아빠의 표정을 살피다가 아빠가 운 것을 알았다.

"아니, 엄마를 두고 떠날 수 없어. 지금 엄마는 여행 갈 수가 없단다. 아마 여름에는 가능할 거야. 괜찮지?"

"하지만 아빠, 묵주알이 엄마를 도와줄 수도 있잖아요. 리즈 이모의 묵주알도 엠마를 도왔고, 또 다른 묵주알도 한나를 도왔어요. 엄마한테 필요한 게 엄마의 묵주알일지도 모르잖아요."

"케이트, 우리가 이미 말한 것처럼 묵주알에 어떤 요술적인 힘이 있는 건 아니야. 너도 알다시피 요술 같은 건 없어."

"요술이 아니라는 건 알아요. 하지만 외할머니와 관련된 특별한 것일지도 모르잖아요. 묵주알을 가진 사람을 위해 외할머니가 기도하시는 것일 수도 있잖아요."

아빠는 내 말을 못마땅해하는 데다 더는 그 이야기를 하고 싶지 않은 것 같다.

"케이트, 만일 천국이 있다면 외할머니는 천국에 계실 거야. 하지만 외할머니가 그곳에서 어떤 일을 하시는지 나도 모르겠구나. 그리고 외할머니가 무언가를 하실 수 있다면 그러기 위해 왜 묵주알이 필요한지 상상이 되질 않아."

아빠가 옷을 매만지며 일어섰다.

"묵주알에 대해 이야기를 나눌 사람은 내가 아닌 것 같구나. 분명히 요셉 외삼촌이나 수잔 외숙모 그리고 메리 엘렌 이모가 도와줄 거야."

아빠가 나를 일으키려고 손을 내밀었다. 내가 일어서자, 다시 나를 안아준다. 강인함과 부드러움이 어우러진 아빠의 따뜻함이 위로가 되어 잠시 마음이 편안해졌다.

"케이트, 아빠가 너를 얼마나 사랑하는지 알지? 우리는 이 일을 잘 견딜 수 있을 거야. 우리 함께 견뎌내는 거야. 알겠지?"

"네, 아빠."

나는 목멘 소리로 간신히 대답했다.

아빠와 대화가 끝나기가 무섭게 책상을 바라보는 순간 걱정이 밀려온다. 역사책이 펼쳐진 채, 내일 제2차 세계대

전에 대한 시험 볼 준비를 하라고 기다리고 있다.
 '숙제를 해야 해.'
 나는 중얼거리듯 말하고 나서 책상에 앉았다.
 아빠가 내 뒤에서 어깨를 부드럽게 잡으며 말했다.
 "먹을 것 좀 갖다줄까?"
 입을 열면 다시 울음이 터질 것 같아서 그저 고개만 저었다. 아빠는 내 머리 위에 입을 맞추고 조용히 문을 닫고 나갔다.

묵주기도는 힘이 있다

집이 스산할 정도로 조용한 아침이다. 동생들과 나는 평소와 달리 서로 먼저 샤워를 하겠다고 옥신각신하지도 않고, 그웬은 캐주얼 데이인데도 내 옷을 빌려달라고 조르지도 않았다. 각자 음식을 가져와서 조용히 아침 식사를 했다. 엄마가 병원에 들어가는 날 무슨 말을 할 수 있겠는가? 정말 그렇다. 아무 말도 할 수 없다.

에블린에게 언제, 어떻게 말해야 할지 고민이다. 어쩌면 에블린은 생각보다 빨리 알게 될 지도 모른다. 에블린은 친척인데다 친한 친구니까 내가 먼저 말하고 싶어질 것이다. 그런데 창피한 마음이 계속 나를 괴롭힌다. 아무튼 엄마가 건강 센터에 들어간다는 사실이 기분을 우울하게 만든다.

아빠는 듣기 좋게 건강 센터라고 했지만, 우리는 그곳에 대해 안다.

　나는 힐끗 그웬을 보고 나서 폴을 쳐다보았다. 동생들도 나처럼 잠을 설쳤는지 안색이 몹시 안 좋다. 내 눈은 충혈되고 얼굴은 푸석푸석한데다 밤새도록 흐르다 멈춘 눈물 흔적이 선명히 남아있다. 거기다 잠을 제대로 자지 못해 다크서클까지 생겼다. 학교에서 친구들을 만날 생각을 하니 창피한 정도가 이만저만이 아니다.

　아빠가 준비를 마치고 부엌으로 왔다. 아빠의 안색도 별로 좋지 않다. 아빠는 커피를 내리고는 진한 커피 향을 음미하듯 싱크대에 기대어 눈을 감고 있다. 마치 행복의 열쇠라도 쥐고 있는 듯이 말이다. 하지만 눈을 뜨자 아빠의 근심 가득한 눈빛에서 오늘 하루 일어날 일을 두려워하고 있다는 걸 알았다.

　"얘들아, 가야 할 시간이다. 올라가서 엄마에게 작별 인사를 하겠니?"

　아빠가 시계를 보며 말했다. 우리들은 놀라서 서로 얼굴을 쳐다보았다. 셋 다 그 생각을 못했다. 당황스럽다. 엄마는 뭐라고 할까? 어색한 상황을 짐작하기 어렵지만 장녀로서 나서서 해야 할 일이 있다는 것 정도는 안다. 나는 짧게 고개를 끄덕이고 나서 어깨를 펴고 용기 있게 계단을 향해 걸어갔다. 나는 엄마가 있는 방문을 천천히 열고 안을 들여다보았다. 엄마의 체취와 오래 사용한 시트 그리고 환기되지 않은 공기가 뒤섞인 쾌쾌한 냄새가 났다. 코를 찡그리며 방 안으로 들어갔다. 어둠 속에서 이불을 덮고 있는 엄마의 형체가 보였다. 엄마는 등을 돌리고 누워있다. 내가 침대로 다가가자 엄마가 몸을 돌렸다. 그때 엄마의 얼굴을 며칠 만에 본다는 것을 깨달았다.

엄마의 얼굴을 보는 순간 숨이 멎는 것 같았다. 몰라보게 야위었고 눈이 퀭하다. 눈동자는 생기를 잃은 데다 고통으로 신음하고 있었다. 몸을 구부려 어색하게 엄마를 안아보려 했지만 엄마는 반응이 없다.

"엄마, 빨리 나아."

다른 말을 찾지 못해 얼버무렸다.

엄마는 말 대신 눈을 질끈 감았다. 엄마의 콧등을 가로질러 눈물이 흐른다.

나는 눈물이 나오려는 것을 참았다. 다시는 여기에 오지 않을 테다! 나는 뒷걸음질 치며 방에서 나왔다. 그러고는 정신없이 달렸다. 마치 죽음의 사자가 쫓아오기라도 하는 것처럼….

어떻게 부엌으로 왔는지 모르겠다. 숨을 고르면서 충격을 극복하려고 노력했다. 놀란 내 얼굴을 본 아빠가 다가오더니 나를 안아주고 나서 내 어깨를 잡고 눈을 똑바로 바라보며 말했다.

"케이트, 괜찮을 거야. 너는 견딜 수 있어. 우리 모두 함께 견디면 좋은 날이 올 거야. 지금은 학교에 가야 해. 그러니까 기운 내서 학교에 갈 준비해. 알았지?"

아빠는 한참 동안 내 얼굴을 살폈다. 쓰러지지나 않을지 확인하는 것 같았다. 그러고는 돌아서서 차 열쇠를 집어 들고 나갔다.

4학년 때 상담 선생님이 가르쳐 준 대로, 코로 숨을 깊이 들이마셨다가 입으로 내쉬었다. 이렇게 세 번 하고 나니 조금 나아진 것 같다.

나는 말없이 가방을 들고 아빠를 따라갔다. 조수석에 앉아 안전벨트를 매고 앞만 바라본 채 꼼짝도 하지 않았다. 동생들이 차에 타는 소리가 들려도 정면만 바라보았다. 조금이라도 움직이면 무너져 버리고 말 것처럼….

학교에 도착했다. 그 무엇에도 시선을 주지 않고 걸었다. 누군가가 내 이름을 불러도 계속 걸었다. 간신히 사물함에 도착했다. 기계적으로 가방에 있는 물건을 사물함에 넣은 다음 첫째 시간에 필요한 교재를 꺼냈다. 마음이 텅 빈 느낌이다.

묵주알을 찾아서

누군가가 내 팔을 잡았지만 고개를 돌리지 않았다. 나를 잡은 손이 힘을 주어 나를 돌려세웠기에 나는 억지로 그 사람이 누구인지 봐야 했다. 에블린이다. 친구들이 둘러서서 걱정스러운 얼굴로 나를 보고 있다.

"케이트, 괜찮은 거야?"

에블린이 걱정스러운 얼굴로 내 눈을 뚫어져라 본다.

나는 퉁명스럽게 고개를 끄덕이고 나서 에블린의 손을 떨치고서 교실로 향했다. 책상에 앉자 종이 울린다. 처음으로 종소리가 반갑다. 수업이 시작되고 선생님이 친구들에게 주의를 주었다. 나에 대해 무언가 알고 싶어 하는 눈빛과 궁금증을 단칼에 잘라주면서 말이다.

수업이 끝나갈 때쯤 조금 정신이 들었다. 교실에서 나가면 에블린을 만날 준비를 해야 한다. 또다시 에블린이 와서 내 팔을 잡고 흔들었다.

"케이트, 도대체 무슨 일이야?"

에블린이 간절하게 물었다.

"아무 일도 아니야. 괜찮다고!"

에블린의 눈을 피해 다른 곳을 바라보며 거짓말을 했다. 에블린은 내가 눈을 똑바로 보지 못하면 절대로 받아들이지 않는다. 그러니 통할 리가 없다.

"아냐, 괜찮지 않아. 무슨 일 있는 거야. 무슨 일인지 말해줘."

"정말 괜찮아. 이제 수업에 들어가야 해."

나는 또 거짓말을 했다.

에블린이 내 걸음에 맞춰 걷다가 반 아이들과 부딪혔다.

"케이트, 이야기 좀 해. 도대체 왜 그래? 묵주알 때문이야? 아니면 너희 엄마 때문이야?"

결국 에블린이 눈치채고 말았다.

나는 대답하지 않았지만 에블린이 깊은 한숨을 내쉰다.

"엄마 때문이구나. 무슨 일인데?"

에블린이 애원하듯 물었다. 나를 돕고 싶어 한다는 것은 알지만, 도저히 말할 수가 없다. 지금, 여기서는 아니다. 그래서 나는 더 혹독하게 쏘아댔다.

"괜찮아, 괜찮다고 했잖아! 정말 괜찮다고! 지금 말할 수 없을 뿐이야. 날 그냥 내버려 둬."

나는 화난 목소리로 소리쳤다.

"날 좀 그냥 혼자 있게 해달라고!"

상처받은 눈으로 입을 벌린 채 서있는 에블린을 뒤로 하고, 나는 힘없이 걸어갔다. 에블린 잘못이 아니라는 걸 안다. 하지만 죄책감을 억누르며 내 안에 나 자신을 감추고 교실로 갔다.

점심시간이다. 반 친구들이 모두 나를 피한다. 혼자 앉아서 식판에 있는 콘도그를 멍하니 보다가 과일로 나온 배를 포크로 푹푹 찔러댔다. 배를 한 입 베어 물고 나서 다시 푹푹 찔러대기만 했다. 결국 목으로 넘길 수 있는 유일한 초콜릿 우유만 마셨다. 식당 아주머니가 점심시간이 끝났다고 말해줄 때까지 나는 식판만 노려보았다.

운이 없게도 교실로 가는 중에 또 방해자가 나타났다. 이번에는 피하기 쉽지 않은 상대다. 걱정과 안쓰러운 표정으로 터틀 선생님이 다가오고 있다.

"케이트, 상담실에 가서 이야기 좀 할까?"

"수업이 있어요."

"알아, 애야. 네가 수업에 늦을 거라고 미리 포레스터 선생님께 말씀 드렸단다."

나는 교실로 가는 복도를 간절한 눈으로 바라보다가 상담실로 순순히 따라갔다.

"앉으렴."

선생님이 책상 가까이에 있는 의자를 권한다.

"애야, 에블린이 왔었단다. 네 걱정을 많이 했어. 네가 평상시와 같지 않다고 말이야. 그래서 너희 아빠에게 전화 드렸더니 무슨 일이 있었는지 알려주셨어."

나는 몇 초 동안 눈을 감고 있다가 떴다. 뻣뻣한 자세로 한 번만 더 나를 '애야'라고 부르기만 해보시지 하면서 선생님의 걱정 어린 눈을 똑바로 쳐다보았다.

"애야, 나하고 이야기 좀 할까?"

선생님이 상냥하게 물었다.

그 '애야'라는 말만 아니었어도 그분의 애정 어린 동정심이 내 마음의 벽을 무너뜨렸을지도 모른다.

"고맙지만 싫어요."

나는 선생님의 눈길을 피해 벽에 걸려있는 십자가에 시선을 고정시켰다.

"네 아빠와 나는 네가 일찍 집에 가서 쉬는 게 좋을 것 같다고 생각한단다. 네 담임 선생님께 알아보니 수업을 많이 빠지는 건 아니더구나. 아쉽게도 아빠는 너희 엄마 때문에 너를 데리러 오실 수가 없단다. 그래서 네 이모에게 전화해 달라고 하셨어."

선생님은 내 반응을 보려는 듯 잠시 말을 멈추었다. 나는 우리 엄마처럼 무너지지 않는다는 걸 보여주려고 잠시 십자가에서 시선을 뗐다. 하지만 도저히 그렇게 할 기분이 나질 않는다. 다시 십자가를 바라보았다. 뜬금없는 생각이 머릿속에서 맴돈다.

'저런, 저분은 정말 말랐네. 머리 위에 쓰인 글자가 뭐라고 했더라? 가시관을 쓰고 있어서 많이 아프실까? 아니면 익숙해져서 덜 아프실까?'

묵주알을 찾아서

마음 같아서는 벽에서 십자가를 떼어 십자가에 달린 예수님을 손으로 만져본 다음 창문을 향해 던져, 어떤 것이 깨지는지 보고 싶다.

어느새 이모가 내 옆에 와있다. 이모는 내 어깨에 팔을 두르고는 나를 안정시키려고 애쓰고 있다. 나는 저항하며 이모를 보았다. 이모의 눈가가 젖어있고, 눈은 붉게 충혈되어 있는 것을 보니, 울고 있었던 것이 분명하다. 동병상련이라고 했던가. 터틀 선생님과 아빠가 잘 생각한 거다.

이모가 나를 일으키자, 나는 저항하지 않고 일어섰다. 이모가 나를 안아주었지만, 나는 반응하지 않았다. 이모가 선생님께 감사의 인사를 하고 나서, 내 어깨를 감싸 안으며 나를 돌보겠다고 말씀드렸다. 이모는 교무실에 들러 나를 데리고 간다는 기록을 남겼다.

햇살이 눈부시다. 햇빛에 적응하느라 눈이 찡그려졌다. 학교에 가방을 두고 온 것이 생각났지만, 이모가 에블린에게 부탁하겠다고 했다. 이모가 조수석 문을 열고, 조심스럽게 나를 앉게 한 다음 안전벨트를 매어주었다.

어디로 가고 있는지 전혀 신경 쓰지 않았는데 어느 지점에 이르러 우리 집도 이모 집 방향도 아니라는 걸 알았다. '이모가 마리아를 어떻게 하고 왔을까?' 하고 막연히 생각했다. 마리아는 아직 유치원에 다니지 않아서 늘 엄마인 이모와 함께 있어야 한다.

　한적한 길이 나오고 이모가 평행주차를 한다. 이모가 차에서 내려 차 문을 열어주었다. 주위를 둘러보니 지난 일요일에 왔던 성당이다. 겨우 닷새 전인데 짧은 시간 동안 긴 세월이 흐른 느낌이다.

　이모는 성당 계단 위에 서있는, 검은 수단을 입은 누군가에게 손을 흔들더니 내 표정을 살피며 말했다.

　"요셉 외삼촌더러 이곳으로 오라고 했는데, 네가 괜찮으면 좋겠다."

　아무 감정이 없었지만 이모가 반응을 기다리는 것 같아서 고개만 끄덕였다.

　이모가 어색하게 말했다.

　"어디로 가야 할지 모르기도 했거니와 이곳이 가장 나을 것 같아서 왔어. 나는 여기가 늘…."

　이모는 잠시 어떻게 설명할지를 생각하는 것 같다.

　"하느님과 더 가까이 있는 곳이라… 여기로 온 거야."

　우리는 계단을 올라갔다. 외삼촌이 말없이 나를 안아주고는 무거운 성당 문을 열어주었다. 이모가 먼저 제대에서 가장 가까운 자리로 가서 우리를 기다렸다. 나는 습관적으로 무릎을 꿇고 예수님께 인사를 드린 다음 외삼촌이 앉을 자리를 남기고 안으로 들어갔다.

묵주알을 찾아서

외삼촌이 말없이 장궤틀을 내리고 무릎을 꿇자, 이모도 따라 한다. 외삼촌이 기도를 시작했다.

"주님, 저희는 오늘 케이트의 엄마이자 저희 형제인 데레사를 위해 기도합니다. 주님, 데레사를 치유해 주세요. 또한 케이트, 폴, 그웬, 그리고 케이트의 아빠를 위해서 기도합니다. 주님, 이 어려운 시기에 그들을 위로해 주세요. 성모님, 데레사가 없는 동안 이 가정의 어머니가 되어주세요."

외삼촌이 주머니에서 묵주 두 개를 꺼내더니 하나는 나에게 건네고는, 성호경을 그으며 기도를 시작했다. 이모가 가방에서 묵주를 꺼내느라 찰랑거리는 소리가 들린다.

처음에는 반항심이 일었다. 나는 기도 소리를 거부하며 묵상 장면을 떠올리지 않으려고 애썼다.

그런데 희미하게 외삼촌의 목소리가 들려온다.

"겟세마니 동산에서 기도하심…."

내 결심이 흔들리고 리드미컬한 기도 소리가 내 안에 밀려오기 시작한다.

"은총이 가득하신 마리아님, 기뻐하소서! 주님께서 함께 계시니…."

묵주알 위치가 정확하지 않다는 것을 알면서도 어느새 기도에 맞추어 묵주알을 움직이고 있다. 손가락 사이로 느껴지는 시원한 묵주알에 굳은 마음이 누그러진다. 이제는 창문을 향해 십자가를 던지고 싶은 마음이 없어진 것에 감사한 마음이 든다.

외삼촌이 "예수님께서 우리를 위하여 매 맞으심을 묵상합시다" 하고 기도할 때 나는 눈을 감은 상태에서 묵상을 했다. 마음이 고요해진다.

그런데 갑자기 날카로운 붉은 줄이 보이기 시작했다. 순간, 화들짝 놀랐다. 또 붉은 줄이 보였다. 눈을 뜨면 주변의 모든 것이 그대로인데 눈을 감기만 하면 붉은 줄이 보이고 곧이어 또 다른 붉은 줄이 보였다.

나는 마음 안에서 고통의 신비를 묵상하고 있다는 것을 알았다. 붉은 줄은 예수님의 몸을 때리는 채찍이다. 고통스러운 비명소리가 들린다. 내 앞에 있는 무릎 꿇은 남자에게서 나는 소리인지, 군중들 사이에서 나는 소리인지 도무지 알 수 없다. 나는 고문을 멈추게 하려고 손을 내밀어 채찍을 잡으려 했다. 그런데 채찍이 내 손을 내리쳐 나는 얼른 손을 거두어 가슴에 대고 어르며 계속 그 장면을 지켜보았다. 도울 수 없는 건지, 돕기를 원하지 않는 건지 모르겠다. 더는 그곳에 있기가 힘들다.

의자에 등을 기대어 앉아 거친 숨을 몰아쉬었다. 모든 것이 내 머릿속에서 일어난 것임을 확인하기 위해 급히 성당 안을 둘러보았다. 외삼촌이 기도를 멈추고 걱정스러운 얼굴로 나를 보았다.

　무감각한 마음이 사라지고 울음이 터졌다. 이모가 나를 안고 앞뒤로 천천히 움직인다. 지난밤에 아빠가 그랬던 것처럼…. 그렇게 울어본 것이 처음이다. 나는 엄마가 겪을 일을 위해 울었다. 최근까지 내가 서서히 엄마를 잃은 고통에 대해 울었다. 엄마의 공허한 눈길 앞에서 마지막 인사를 한 것에 대해 울었다. 그리고 가족이 각자 이 일을 견뎌야 하는 것에 대해 울었다. 오늘 아침 나를 도와주려고 했을 뿐인 에블린의 마음을 아프게 한 것에 대해 울었다.

　지난밤에 소리 내어 다 울었다고 생각했는데 그렇지 않았나 보다. 오늘 아침에 본 엄마 모습이 나를 벼랑 끝으로 내몬 것이 틀림없다. 그리고 예수님, 그분의 매 맞으심이 나를 벼랑 끝에서 넘어뜨린 것이다. 왜? 왜 그것을 본 것이 내게 이토록 영향을 준걸까?

　이모의 어깨가 내 눈물로 다 젖었다. 나는 고개를 들었다. 이모는 내 울음이 잦아들 때까지 계속 나를 달래주었다. 이모를 보면서 오늘 아빠가 나를 데리러 오지 못한 것에는 이유가 있다는 것을 깨달았다. 지금 내게는 이모가 필요하다. 모성, 엄마와 가까운 사람, 신앙, 이해심, 희망. 지금 나에게는 이 모든 게 필요하다.

　사랑 가득 찬 눈으로 나를 보고 있는 이모에게 내가 본 것을 이야기했다.

"이모, 그분을 보았어요."

어리둥절한 표정을 짓던 이모 얼굴이 금세 밝아지면서 알겠다는 듯 웃는다.

"그랬구나, 그렇지?"

이모는 내가 정말 그분을 보았는지 묻지 않는다. 직감적으로 아는 것 같다. 내 말을 듣고서 이모는 만족스럽고 평화롭고 기뻐하는 것 같다. 이모가 외삼촌을 바라본다. 나는 잠시 외삼촌을 잊고 있었다.

"우리에게 좀 더 자세히 말해주겠니?"

"제가… 제가 거기에 있었어요."

나는 경이로움에 차서 이야기를 시작했다.

"그분이 매 맞으시는 곳… 사람들이 그분을 채찍질하는 것을 보았어요. 정말… 끔찍했어요."

그리고 낮은 소리로 말했다.

"너무 끔찍해서 막아보려고 했지만 채찍이 내 손을 내리쳤어요. 너무 두려웠어요."

채찍이 내리친 손등을 보았지만, 아무런 상처도 흔적도 보이지 않는다. 갑자기 나 자신이 바보스럽게 느껴진다. 그건 내 머릿속에서 일어난 일이다.

외삼촌의 따뜻한 손길이 어깨에 느껴지자, 나는 외삼촌

에게 고개를 돌렸다. 내가 걱정하는 걸 직감적으로 알아챈 외삼촌이 온화한 눈길로 나를 달래준다.

"케이트, 그건 하느님이 너에게 주신 특별한 은총이야. 소중히 간직하렴. 그것에 대해 의문을 갖지 않으면 좋겠구나. 그 일은 정말 네게 일어났어. 그분은 가끔 우리에게 은총을 주신단다. 모든 사람이 그런 은총을 받는 건 아니야. 하느님은 너한테 무엇이 필요한지를 잘 알고 계셔. 그리고 지금 필요한 은총을 주신 거야."

"하지만 그게 무슨 의미죠? 왜 제가 채찍질을 멈추게 할 수 없었을까요?"

"케이트, 그리스도의 죽음은 누구도 멈추게 할 수 없는 거란다. 그것은 구원을 위한 하느님 계획의 일부이기 때문이야. 예수님의 죽음은 계획된 일이었고, 하느님은 그 일이 그대로 일어나도록 결정하신 거야. 하느님은 네가 그것을 멈추게 하는 걸 원치 않으신단다. 하느님이 네게 원하시는 것은 당신의 아들이 너를 사랑하기 때문에, 너를 위해 돌아가셨다는 것을 아는 거란다."

나는 순순히 고개를 끄덕였다. 그리고 외삼촌이 한 말을 생각해 보려고 노력했다. 알 것 같다. 아니, 사실은 여전히 알 듯 말 듯 하다.

이모가 내 손을 잡더니, 내 얼굴을 유심히 보며 손에 부드럽게 힘을 주고 말했다.

"케이트, 지금 고통스럽다는 거 알아. 예수님도 고통을 받으셨단다. 그래서 그분은 네가 겪는 일을 잘 알고 계셔."

이모가 갑자기 말을 멈추고 짧게 숨을 들이마시더니 놀라움과 경외심이 가득 찬 미소를 짓는다.

"케이트, 내 생각에는 아마도…."

이모는 갑자기 어떤 답을 찾는 것처럼 성당 안을 두리번거리다가 시선이 성모상에 멈췄다.

"어쩌면 네가 저분의 자리에 있었던 것 같아. 마리아의 자리 말이야. 마리아는 이 세상에서 가장 사랑하는 당신 아들의 고통을 지켜보았지. 네가 엄마의 고통을 보고 있는 것처럼, 마리아도 당신의 아들이 고통받고 있는 것을 보셔야 했어. 성모님이 너에게 그것을 묵상하도록 이끈 것 같아."

이모는 부드러우면서도 흥분된 표정으로 나의 팔을 잡고 흔든다.

"복되신 어머니는 네가 지금 겪는 일을 이해하길 바라신 거야. 그리고 어쩌면 엄마가 가장 필요한 지금, 우리가 이해할 수 없는 방법으로 어머니가 되길 원하신 걸 거야."

이모가 다시 나를 안으며 웃는다. 내 삶에서 가장 혹독한 이 시점에 웃는다는 것이 정말 말이 안 되는 상황이지만 나도 웃기 시작했다. 이모는 여전히 웃으며 나를 잡고 일어서

더니 의자 밖으로 나가라는 듯 살짝 나를 밀었다. 내 손을 잡아끌며 이모가 성모상 앞으로 가서 그 앞에 무릎을 꿇었다. 나도 무릎을 꿇었다.

이모가 여전히 웃음 띤 목소리로 성모상을 올려다보며 말했다.

"복되신 어머니, 사랑합니다. 당신은 우리의 어머니입니다. 천상의 어머니, 케이트를 위로해 주셔서 감사합니다. 이 어려운 때에 계속 케이트와 함께해 주세요. 케이트의 엄마가 집을 떠나 있는 동안 케이트의 어머니가 되어주세요. 케이트에게 당신의 지혜와 힘을 주시고 이끌어 주세요. 또한 제 언니 데레사의 어머니도 되어주세요. 언니가 주님께서 창조하신 모습으로 돌아올 수 있도록 도와주세요."

이모는 고개를 숙이고 왼손을 뻗어 성모상의 발에 대었다.

"우리 모두의 어머니가 되어주셔서 감사합니다."

여전히 미소를 머금은 채 이모가 내 손을 꼭 쥐며 말했다.

"성모님께 하고 싶은 말 없니?"

나는 뭐라고 해야 할지 몰라 말없이 고개를 저었다. 대신 성모상을 올려다보며 성모님의 발에 오른손을 대었다. 눈을 감고 평화로움을 느껴보았다. 마치 내 어깨 위에 나를 보호하는 그분의 손이 놓인 느낌이다. 나는 아무 말도, 아무 생각도 하지 않은 채 이 순간을 즐겼다. 내가 미처 깨닫지 못하고 있던 어머니가 계시다는 것을 알게 된 것이다.

잠시 뒤에 눈을 뜨고 이모를 보았다. 틀림없이 이모는 이 순간을 목격한 것을 기뻐했을 것이다. 복되신 마리아가 나의 어머니라는 것을 깨닫게 된 순간 말이다.

이모가 미소 지으며 다시 묵주를 든다. 그리고 외삼촌을 향해 "됐어"라고 밝게 말했다.

"어디까지 했지?"

외삼촌이 성모상 앞에 있는 우리 곁으로 와 이어서 묵주기도를 했다.

내 마음은 여전히 이 새로운 발견 안에서 서성대느라, 묵주기도를 제때에 따라 하지 못해 눈만 깜빡거렸다. 성모송을 몇 번 하고 나서야 기도에 집중했다. 이제는 예전과 다르다. 좀 더 집중하여 각 신비를 복되신 어머니의 관점에서 묵상하고 있다. 복되신 어머니의 고통이 지금 내가 겪고 있는 일과 연결되어 있다는 것이 이해됐다.

기도를 마치고 훨씬 안정된 나를 보고 스스로 놀랐다. 이제는 종일 로봇처럼 지낸 무감각한 느낌이 아니다. 주변의 상황을 분명히 깨달았고, 엄마에게 무슨 일이 일어나고 있는지도 생각할 수 있다. 이제는 견딜 수 있다.

지난 팔일 동안 묵주기도를 네 번 드렸다. 지금까지 기도

한 것보다 더 많은 기도를 한 것 같다. 묵주기도를 하고 나면 기분이 좋아진다. 희망이 생긴다.

나는 이 느낌을 음미하면서 잊지 않길 바라고 있다.

나는 대단히 영적인 것을 알게 해주거나 특별한 바람이 이루어진다고 생각하면서 20분 동안 같은 말을 반복하는 묵주기도를 늘 쓸데없는 짓이라고 생각했다. 그런데 내가 옳지 않았음을 확실히 알았다. 묵주기도는 힘이 있다. 영적인 것도 깨닫게 해준다. 나처럼…. 나는 성모님이 나의 천상의 어머니라는 것을 알게 되었다.

기도의 응답을 받은 적도 있다. 묵주알에 대한 소식을 기다리며 기도하고 나서 즉시 빌링스 아저씨에게서 전화가 왔었다. 그리고 기도를 하고 나면 늘 기분이 좋아졌다. 어쩌면 기도를 통해 좀 더 하느님 가까이 가면서 안정감과 평화를 느끼는 건지도 모른다.

많은 생각이 밀려온다. 그 모든 것을 어떻게 정리해야 할지 아직은 잘 모르겠다.

이모가 자리에서 일어나기에 이모를 따라 나왔다. 잠시 뒤에 외삼촌도 나왔다.

"이제 어디로 갈까?"

이모가 물었다.

"글쎄요, 점심을 제대로 안 먹어서…."

나는 기대에 찬 표정으로 이모를 바라보았다.
"그래, 뭐 좀 먹으러 가자."
이모가 외삼촌을 쳐다보자 외삼촌도 동의한다.
"나도 좋아! 레스토랑 어때?"
나는 햄버거가 먹고 싶었지만 고개를 끄덕였다.

새로운 소식

늦은 점심을 먹으면서 요셉 외삼촌에게 지난밤부터 머릿속에서 떠나지 않는 질문을 하려고 마음먹었다.
"외삼촌, 이해가 안 되는 것이 있어요. 지난 금요일에 에블린과 내가 묵주알을 찾기 위해 묵주기도를 했는데 몇 분 만에 빌링스 아저씨한테서 전화가 왔어요. 그런데 일요일에 메리 엘렌 이모와 엄마를 위해 기도했을 때는 다음 날 엄마 상태가 더 안 좋아졌어요. 그리고 며칠 전에 에블린과 묵주기도를 하고 어떤 여자분과 통화를 하게 되었는데 기도가 전혀 도움이 되지 않았어요. 그분은 묵주알을 주웠는데 그것을 마약중독자인 남동생에게 주고 그 뒤로 동생과 연락이 되지 않는다고 했어요. 그러니까 이해할 수 없는 것은,

하느님이 처음에는 기도를 들어주셨는데 왜 다른 기도는 답을 안 주실까요? 정말 묵주기도가 힘이 있고 바람을 이루어 주는 것이라면 왜 지금은 그렇지 않은 걸까요?"

외삼촌은 팔짱을 끼고서는 한참 동안 말이 없더니 좋은 대답이 아니거나 실망할 대답이라고 생각할 때쯤 입을 열었다.

"케이트, 우리는 삶의 아주 작은 단면만 보지만, 하느님은 모든 것을 보시고, 모든 것을 아신단다. 그래서 네가 원하는 것이나 필요한 것을 위해 기도할 때, 때로 그것이 네 삶에 대한 하느님의 뜻과 맞지 않을 수가 있어. 그럴 경우 하느님은 네 계획보다 훨씬 더 좋은 계획을 가지고 계시단다."

나는 미심쩍은 표정을 지어 보였다. 엄마가 정신 병원 같은 곳에 가는 것이 '훨씬 더 좋은 계획' 같지 않아서다.

"이해하기 어려울 거야. 하느님은 우리를 사랑하시고 우리에게 나쁜 일이 일어나는 것을 원치 않으시지만 우리에게 완전한 자유의지를 주셨기 때문에 그것을 허락하실 때가 있지. 하느님은 선하시고 우리를 사랑하기 때문에 나쁜 것을 통해서도 늘 좋은 것으로 이끌어 주신단다. 그렇다면 우리가 할 일은 하느님께 의탁하고, 선을 찾고, 하느님께서 우리를 위해 계획하신 일을 할 수 있는 방법을 찾는 거야."

이모가 덧붙인다.

"나는 벌써 이 모든 일 가운데서 좋은 것을 보고 있단다. 네가 이 일을 복되신 어머니와 연결했잖아. 그러니까 네가 화가 나지 않았더라면 그런 일도 없었을 거야."

내가 천천히 고개를 끄덕이자 이모가 계속 이야기한다.

"어쩌면 엄마는 도움이 절실히 필요한 상태일 거야."

이모가 외삼촌을 쳐다보자 외삼촌이 동의한다는 듯 고개를 끄덕인다.

"한편 병원의 도움을 받는 것이 최선의 방법인지도 몰라. 그리고 우리에게도 좋은 일인 거 같아. 우리가 함께 이런 시간을 가질 수 있으니 말이야. 모든 게 순조로웠다면 그러지 못했을 거야. 그렇지?"

고개를 끄덕이면서도 의심스럽다. 이모가 짧게 웃으며 의자 깊숙이 자세를 고쳐 앉고는 말했다.

"외할머니의 죽음은 우리 모두에게 십자가일 거야. 나는 그 십자가가 너무 힘들고 싫어서 십자가가 없어지기를 바랐어. 하지만 깊이 생각해 보면 십자가를 질 수 있는 은총을 주신 하느님께 감사드리게 돼. 그리고 그 십자가가 나를 더욱 강하게 해주고 예수님과 성모님께 더욱 가까이 가도록 해주었어."

이모는 잠시 말을 멈추고 나를 찬찬히 바라본다.

"무슨 말인지 알겠니?"

내가 고개를 가로젓자 이모가 웃는다.

"솔직히 말해줘서 고맙다."

이모가 요셉 외삼촌을 보자 외삼촌이 이어서 말했다.

"케이트, 충분히 생각해 보고 기도도 해보렴. 하느님은 모든 어려움 가운데서도 축복을 주신단다. 하느님만이 그렇게 할 수 있으시지. 이런 상황에서도 하느님의 축복을 찾도록 해보렴."

다른 질문이 있었지만 머릿속이 복잡해서 다음 기회로 미뤘다. 내가 이해하기에는 벅찰 수 있다는 것을 알아차린 이모가 화제를 바꾸어 내 학교생활과 다음 연극 오디션에 대해 물었다. 외삼촌에게는 삼촌이 사목하는 신학대학에 등록한 학생들에 대해 물었다.

식사를 마치고 이모와 나는 외삼촌에게 인사를 하고 차에 올랐다. 아침에 비해 훨씬 기분이 좋아진 사실이 놀랍다. 하지만 해야 할 일이 하나 남아있다는 것을 깨달았다.

"이모."

이모가 시동을 걸며 대답했다.

"응?"

"에블린 집에 내려줄래요? 저… 에블린한테 사과하고 싶어서요. 오늘 아침에 몹시 못되게 굴었거든요."

이모가 나를 힐끗 보며 이해한다는 표정을 짓고는 내 무릎을 두드리며 말했다.

"물론, 그럴 수 있고말고"

약 5분 뒤에 에블린 집에 도착했다.

"집에는 걸어갈게요."

나에게 혼자 있을 시간이 필요하다는 것을 안 이모가 웃으며 고개를 끄덕인다.

"아빠한테는 전화해 놓을게."

나는 약간 당황하며 이모의 웃음에 답했다. 아빠가 걱정할 거라는 건 까맣게 잊고 있었다. 아빠에게 전화해 줄 생각을 한 이모가 고맙다.

마음의 준비를 하고 머뭇거리며 문을 두드렸다.

에블린이 문을 열어주었다. 그런데 표정이 알쏭달쏭하다. 들어오라는 표시로 에블린이 한 발 뒤로 물러선다. 늘 요리하느라 분주한 외숙모가 보이지 않는 것을 내심 기뻐하며 부엌으로 갔다. 나는 싱크대 쪽으로 가며 어떻게 말을 꺼낼지 잠깐 고심했다. 결국 기어들어 가는 목소리로 에블린에게 말했다.

"미안해."

"괜찮아. 너희 아빠가 우리 엄마한테 전화하셨어. 그래서 나도 무슨 일이 있었는지 알고 있어. 하지만 네가 왜 화를 냈는지 정말 모르겠어."

에블린 마음이 쉽게 풀어지지 않는 것에 대해 나는 비난할 처지가 못 된다.

나는 솔직히 말하기로 했다

"나도 모르겠어. 엄마 이야기를 하고 싶지 않았을 뿐이야. 더구나 학교에서는 절대로 말하고 싶지 않아서 선택한 방법이 너를 화나게 해서 계속 물어보지 못하게 하는 것이었어."

나는 발로 바닥을 문지르며 다시 미안하다고 말하고 나서 아래로 두었던 시선을 살짝 올려 에블린을 보았다.

"용서해 줄게."

에블린이 나를 안아주고는, 내 두 팔을 잡더니 밝게 웃으며 말했다.

"그리고 새로운 소식이 있어!"

에블린의 눈이 반짝인다. 틀림없이 묵주알에 관한 소식일 것이다.

"뭐, 뭔데?"

나는 들떠서 물었다.

"우리가 학교에 있는 동안 베쓰 아줌마한테서 전화가 왔었대. 집에 돌아와서 메시지를 받았어. 너를 기다려야 할 것 같아서 아직 전화하지 않았어."

나는 소리를 지르며 에블린의 손을 잡고 원을 그리며 춤을 추었다. 에블린이 내 손을 잡아끌며 전화기가 있는 쪽으로 데려갔다.

"전화번호 여기 있어."

전화번호를 한참 들여다보고 있으니 에블린이 재촉한다.

"빨리 전화해, 뭘 기다리는 거야?"

나는 번호를 누르고 나서 베쓰 아줌마가 받기를 기다렸다.

"안녕하세요, 저 케이트예요. 오늘 아침에 메시지를 남기셨다고 들었어요."

"오, 그래. 내가 빨리 전화하지 못해서 미안해. 우리가 통화한 다음날인 화요일에 동생한테서 연락이 와서 수요일에 만났어. 나는 지금도 믿을 수 없지만 결국 동생이 해냈단다. 지난주에 재활 프로그램을 끝내고 완전히 다른 사람이 됐어!"

베쓰 아줌마가 말을 멈췄을 때, 내 입이 쩍 벌어져 있는 걸 깨달았다. 에블린은 이번에도 수화기 가까이 귀를 가져다 대고 이야기를 듣고 있다. 내 손을 잡고 위아래로 올렸다 내렸다 하면서도, 다음 말을 놓칠까 봐 머리는 움직이지 않았다.

"케이트, 내가 동생에게 네가 구슬을 찾고 있다고 하니, 동생이 너를 만나고 싶어 해. 자기가 나은 게 그 구슬 때문이라고 생각하는 거 같아."

"정말요?"

내 목소리가 높아졌다.

에블린이 전화기에서 귀를 떼고 눈을 크게 뜨며 나를 본다.

"응, 그런데 너 혼자서는 어려운 일인 것 같아서…. 네 부모님과 함께 동생을 만나러 오는 게 좋을 것 같아. 물론 동생은 평상시에는 정말 좋은 사람이야."

부모님 이야기가 나오자 마른침이 꼴깍 넘어갔다. 마음이 아프다.

"아빠한테 물어보고 말해도 되죠? 저도 제임스 아저씨를 만나고 싶어요. 제 외사촌인 에블린도 함께 가도 될까요?"

심장이 뛰고 손에서 땀이 난다. 베쓰 아줌마는 에블린과 함께 오는 것을 환영한다고 했다.

나는 다시 전화하겠다고 말하고 나서 전화를 끊었다.

에블린은 즉시 외숙모에게 뛰어갔다. 외숙모는 마약중독에서 벗어난 지 얼마 되지 않은 사람을 만난다는 것에 대해 약간 걱정을 했다. 어쩌면 아빠의 생각도 외숙모와 같지 않을까 하는 걱정이 앞선다. 하지만 에블린이 완벽한 논리를 생각해 냈다.

"엄마, 우리는 봉사 단체에 들어가 노숙자들에게 음식을 나눠주기도 하고, 성 빈센트 센터에서 노숙자들을 위한 봉사도 했잖아요. 나는 엄마가 다른 사람의 삶도 돌보기를 원하는 줄 알았는데….”

딩동댕! 에블린이 정곡을 찔렀다. 외숙모가 에블린을 한참 바라보더니 말했다.

"네 말이 맞다, 에블린. 인생에서 여러 가지 체험을 한 사람들을 만나는 건 중요하지. 그렇다면 나도 너희와 함께 가야겠다. 네 아빠에게 이야기 해봐야 하지만 내 생각에는 괜찮을 것 같아.”

에블린이 외숙모의 목에 팔을 두르며 연신 고맙다고 말하고 나서 나를 돌아보며 말했다.

"이제 너희 아빠 차례야.”

"내 생각에 아빠도 괜찮다고 할 거 같아. 우리 아빠도 너희 엄마와 생각이 같을 거야.”

나는 에블린을 안심시켜 주려고 했으나 오늘 일어난 일을 생각해 볼 때 지금 바로 물어보는 것은 좋지 않다.

"지금 집에 가는 게 좋겠어. 엄마가 어떤지 궁금하고 저녁도 준비해야 해. 아빠한테는 나중에 물어보고 전화할게.”

그때 외숙모가 말했다.

"케이트, 저녁 걱정은 하지 않아도 돼. 집에 가져갈 음식을 지금 오븐에서 굽고 있단다. 음식이 다 되면 집까지 태워다 줄게. 30분 정도면 될 거야."

저녁 걱정 없는 저녁이라…. 나는 외숙모에게 고맙다고 말하고 나서, 가능하면 집에는 걸어가고 싶다고 했다. 혼자 있는 시간이 필요하다.

외숙모와 에블린에게 인사를 하고 나서 오후의 햇살을 받으며 집으로 갔다. 가는 길에 주머니에 볼록한 것이 느껴져서 보니 요셉 외삼촌의 묵주다. 오늘은 묵주기도를 했지만 또 하고 싶다는 생각이 든다. 내 마음이 얼마나 평온해졌는지를 기억하면서 성호경을 그었다.

혼자서 묵주기도를 하는 것은 처음이다. 나는 모든 신비를 기억하지 못한다. 더듬더듬 기도하면서 기억나지 않는 부분에서는 오후에 묵상하던 장면을 되새겨 보았다. 이번에는 무섭지 않다. 나는 성모님이 끔찍한 고통을 받는 아들 예수님을 보며 어땠을지, 그리고 엄마가 겪는 아픔을 지켜보는 내 느낌에 대해 생각했다.

집을 한 블록쯤 남겨두고 기도가 끝났다. 마지막에 하는 기도는 생각나지 않는다. "모후이시며 사랑이 넘친 어머니"로 시작해서 마지막에는 하느님께 곧바로 말씀 드리는 내용이다. 완벽하지는 않아도 하느님과 성모님 그리고 예수님께서 내가 하루에 두 번이나 묵주기도를 해서 기뻐하실 것 같다.

묵주알을 찾아서

집 가까이 오자 놀랄 만큼 평온함이 밀려온다. 문 앞에서 모든 것이 잘 되게 해달라고 짧게 기도했다.

문이 열리는 소리를 듣고 아빠가 오더니 나를 맞으며 두 팔 벌려 안아준다.

"몹시 힘든 하루였지?"

"힘들었는데 지금은 괜찮아요. 이모가 잘해줬고 요셉 외삼촌도 만났어요."

"잘됐다. 아빠가 데리러 가지 못해 미안해. 하지만…."

아빠는 더 말하고 싶지 않은지 말끝을 흐렸다.

"괜찮아요, 엄마한테 아빠가 필요하잖아요. 이모와 외삼촌이 정말 잘해줬어요. 엄마는 어때요?"

"엄마는 괜찮아. 시설도 좋고 사람들도 친절해서 엄마를 잘 돌봐줄 거야."

나는 간신히 웃어 보였다.

"아빠 말을 들으니 안심이에요."

아빠가 다시 나를 안아주며 물었다.

"이모와 외삼촌이 어떻게 해주었길래 기분이 훨씬 좋아졌지?"

나는 아빠에게 말하기가 약간 어색해서 자세히 설명하지는 않았다.

"사실은 아르크의 성녀 요안나 성당에 가서 함께 기도했어요. 그리고 나서 레스토랑에 갔어요. 내가 점심을 제대로 안 먹어서 몹시 배가 고팠거든요. 그리고 여러 이야기를 했어요."

나는 어색하게 말을 끝냈다.

"잘했구나. 네가 마음을 열고 이야기할 수 있었다니 아빠도 기쁘다. 이모와 엄마는 아주 가까이 지냈지. 그리고 요셉 외삼촌이 궁금한 걸 잘 설명해 주었을 테고."

나는 고개만 끄덕였다. 아빠가 모든 걸 알면 좋겠지만, 성모님이 나의 두 번째 엄마라는 말을 하면 아빠는 나를 이상하게 쳐다볼 것이다. 말하지 않는 편이 낫다. 언젠가 아빠에게 좀 더 자세히 말할 날이 올지 모르겠지만….

"저… 아빠?"

조금 망설이며 말을 꺼냈다.

"응?"

"저… 지난 월요일에 에블린 집에서 한 여자분과 통화를 했는데 오늘 그분에게서 연락이 왔어요. 그분이 얼마 전에 묵주알을 하나 발견했는데, 거기에 새겨진 이니셜이 남동생인 제임스 아저씨와 같아서 동생에게 주었대요. 제임스 아저씨는 노숙자인데다 마약중독자래요. 아저씨한테 묵주알을 주고 나서 연락이 안 된다고 했어요. 그런데 오늘 통화하면서 제임스 아저씨한테서 연락이 온데다 재활 프로그

램까지 끝냈다고 했어요. 그리고 지금은 보통 사람처럼 지낸대요. 제임스 아저씨가 우리를 만나고 싶어 해요. 아저씨는 자신이 좋아진 것이 묵주알과 연관이 있다고 생각해요. 그리고 나와 다른 배경을 가지고 다른 체험을 한 사람을 만나는 것이 얼마나 좋은지, 아빠도 알지요?"

"뭐라고?"

뜻하지 않은 질문에 아빠가 놀라서 묻는다.

"제임스 아저씨를 만나러 가고 싶어요."

나는 애교 섞인 간절한 눈빛으로 아빠를 보았다.

"에블린하고 둘이서만 가려는 건 아니겠지!"

"물론 아니에요! 외숙모가 함께 간다고 했고 아빠도 같이 가면 좋겠어요."

"케이트, 엄마가 떠나고 나서 아빠는 포화 상태야. 그웬과 폴만 집에 두고 갈 수 없어. 그렇게 쉬운 문제가 아니야. 그런데 언제 갈 거니?"

"아직 모르겠어요. 하지만 빨리 가고 싶어요. 이번 주말이라도…."

"내가 함께 가는 게 좋을 거 같은데…."

아빠에게서 과한 보호 본능이 표출되는 것 같다. 그도 그럴 것이 얼마 전까지 노숙자인데다 마약중독자인 사람에게서 우리를 보호하기에 외숙모만으로 충분치 않다고 느끼는 것이 분명하다.

다행히 나는 그것에 대해서도 생각해 두었다.

"그웬은 에블린 집에서 아바와 놀면 되고, 폴은 메리 엘렌 이모네 집에서 다니엘과 지내면 어떨까요?"

나는 여전히 희망을 가지고 제안했다.

"그럴 수도 있겠구나. 곧 외숙모가 저녁을 가지고 올 테니 물어보자. 그럼 네가 이모한테 전화해서 폴을 봐줄 수 있는지 물어보렴. 아빠는 오늘 사무실에 못 나가서 급히 해야 할 일이 있단다."

"네, 좋아요!"

나는 전화기가 있는 곳으로 가다가 되돌아와서 아빠를 안아드렸다.

"정말 고마워요!"

아빠도 아빠 특유의 따뜻함으로 나를 힘차게 안아주었다. 잠시 마음이 편해지는 것을 느끼고 나서 약속을 잡기 위해 갔다.

이모와 외숙모 그리고 베쓰 아줌마와 연락하고 나서 계획대로 모든 준비를 마쳤다. 내일 오후, 우리는 시내에 있는 카페에서 제임스 아저씨를 만날 것이다. 기다려진다!

아름다운 여인

 조금 긴장된 마음으로 카페에서 베쓰 아줌마와 제임스 아저씨를 기다리고 있다. 노숙자에다 마약중독자였던 사람에게 무슨 말을 해야 할까? 이상한 모습일까? 혹시 치아가 모두 빠졌을까? 사진에서 본 마약중독자들처럼 피부가 울퉁불퉁하고 벗겨졌을까? 나는 무릎까지 내려온 빨간 블라우스 자락을 만지작거리며 걱정스럽게 카페를 둘러보았다. 베쓰 아줌마에게 어떤 옷을 입을 건지 물어보지 않았다. 막연히 그들이 먼저 와서 기다릴 거라고 생각했다. 남자와 여자 두 사람이 앉은 테이블이 여러 개 보이지만, 대화에 집중하고 있는 그들이 누군가를 기다리는 것처럼 보이지 않는다. 나는 계속 문 쪽을 바라보며 그들이 빨리 와주길 바랐다.

15분이 지나도 나타나지 않는다. 에블린과 외숙모와 나는 냅킨에다 행맨 게임을 하고 있고, 아빠는 약간 짜증나 보인다. 그들이 도착하면 음료수를 시키기로 했는데 결국 아빠가 일어서며 말했다.
　"우리가 먼저 음료수를 시키자. 케이트, 아빠가 주문하는 동안 베쓰 아줌마에게 전화 좀 해보렴."
　아빠는 우리에게 무엇을 마실지 물어보고 카운터로 갔다. 나는 주머니에서 베쓰 아줌마의 전화번호를 적어 놓은 쪽지를 꺼내며, 이 쪽지를 가져가 보라고 말해준 아빠에게 고마운 마음이 들었다. 그런데 불행히도 사무실 전화번호다. 물론 토요일에는 출근하지 않는다.
　바로 그때, 한 남자와 여자가 카페 문을 열고 들어와 두리번거린다. 날씬하고 큰 키에 풍성하게 층이진 적갈색 머리카락을 가진 아름다운 여자와, 여자보다 나이가 훨씬 들어 보이는 남자다. 나는 그 남자가 동생이라는 사실에 놀랐다. 그는 말끔하게 면도는 했지만 피부는 생기가 없고 머리카락도 희다.
　내가 바라보고 있는 것을 느낀 듯 여자의 눈길이 우리에게 멈추었다. 그녀가 살짝 웃어 보이자 나도 웃었다. 그들이 우리가 있는 곳으로 다가왔을 때, 아빠도 음료수를 가지고 자리에 왔다.

묵주알을 찾아서

우리는 모두 일어서서 서로를 소개했다. 그러고 나서 외숙모가 베쓰 아줌마와 제임스 아저씨를 위해 커피를 주문하러 갔다. 그 사이 제임스 아저씨가 깊은 저음의 상냥한 목소리로 말을 꺼냈다.

"늦어서 미안합니다. 제가 선교 공동체에서 일을 시작했어요. 그곳에서 갑자기 도와야 할 일이 생겨서…."

그 일이 무엇일까 궁금했지만 제임스 아저씨가 아직 말할 준비가 된 것 같지 않아 나도 더는 묻지 않았다.

제임스 아저씨가 누나를 위해 의자를 뒤로 당겨주고 나서 자리에 앉았다. 우리도 자리에 앉았다. 외숙모가 커피를 가지고 오자 제임스 아저씨가 입을 열었다.

"여러분이 찾는 게 이거지요?"

아저씨가 테이블 가운데에 묵주알을 올려놓았다.

나는 말없이 고개를 끄덕였다. 아저씨가 무척 친절해 보이는데도 조금 겁이 났다. 아마 아저씨의 과거를 알기 때문일 것이다. 치아가 몇 개 빠진 것도 좀 무섭다.

아저씨가 묵주알을 손바닥에 올려놓고 유심히 바라본다. 단지 작은 구슬이 아니라 소중히 아끼는 물건처럼….

아저씨가 나를 보며 말했다.

"이 구슬은 특별한 것 같아. 너는 이미 알고 있지? 그래서 이것을 찾으려는 거고."

나는 고개만 끄덕였다.

"누나가 자세한 이야기는 하지 않았겠죠. 저는 개인적인 것에 대해 잘 말하지 않는데 여러분에게는 말해야 할 것 같아요. 누나가 열아홉 살 그리고 제가 열여섯 살 때 부모님을 잃었어요. 어머니가 갑자기 심장마비로 돌아가시고, 몇 달 뒤에 아버지마저 돌아가셨지요."

제임스 아저씨의 입이 고통스럽게 일그러진다.

"그래서 누나가 저를 책임지고 키웠어요. 몹시 반항적이었던 저를 맡는다는 게 쉬운 일은 아니었을 거예요. 저는 상처받지 않은 척 하려고 무척 노력했지만 이미 나쁜 친구들과 어울리고 있었어요. 친구들이 마약을 시작했을 때, 저도 자연스럽게 따라 했죠. 짐작하겠지만 부모님을 잃고 나서 제 삶과 그리고 누나한테 의지해야 하는 상황에서 벗어나고 싶었어요."

베쓰 아줌마가 조금 슬픈 미소를 짓는다.

"친구들은 주말마다 마리화나를 조금씩 피우기 시작했어요. 처음에는 별게 아닌 거 같았죠. 그러던 어느 날 친구 하나가 어디서 필로폰을 구해왔어요. 우리는 모두 '딱 한 번만' 해보고 다시는 하지 않겠다고 동의했죠. 그런데 그게 쉬운 일이 아니었어요. 한 번으로는 채워지지 않자 조금씩 늘리다가 결국은 마약을 하기 위해 무슨 짓이라도 할 것 같았어요. 저는 누나의 물건을 훔쳤는데, 눈에 보이는 건 모두 가져갔어요. 마약을 구하기 위해서요. 그러다 결국 누나에게 쫓겨나고 말았죠."

제임스 아저씨가 베쓰 아줌마를 쳐다보자, 아줌마가 죄책감이 가득 찬 얼굴로 말했다.

"그 생각을 하면 지금도 마음이 아파요. 하지만 그때는 다른 방법이 없었어요."

"누나는 해야 할 일을 했어. 그렇게 하지 않았더라면 나는 누나의 모든 걸 가져가고 말았을 거야. 저는 완전히 정신이 나갔었어요. 어느 누구도, 그 무엇도 상관하지 않았으니까요. 오직 약을 해야겠다는 생각뿐이었어요. 결국 저는 운하를 따라 노숙자들이 모여 사는 곳에 자리를 잡게 되었죠. 그곳에는 모두 자기 자리가 있어요. 저는 거기서 운송에 쓰던 오래된 나무판을 발견해 작은 거처를 만들었어요. 그곳은 아주 위험해서 끊임없이 등 뒤를 살펴야 해요. 대부분이 저처럼 약을 사기 위해 무슨 짓이든 하거든요. 저는 누나한테서 쫓겨난 것이 화가 나서 오랫동안 누나한테 연락하지 않았어요. 그러다가 어쩌면 누나가 돈이나 최소한 음식이라도 줄지 모른다는 생각이 들었어요. 결국 몇 달에 한 번씩 누나한테 전화를 했고, 최근까지 정해놓은 장소로 누나가 저를 만나러 왔어요. 누나의 마음을 아프게 한다는 걸 알면서도 멈출 수가 없었어요. 누나는 음식이나, 옷, 양말, 신발 등을 가져다줬어요. 하지만 돈은 절대로 주지 않았어요. 돈을 주면 무엇을 할지 알거든요."

제임스 아저씨가 두 손으로 얼굴을 세수하듯 감싸니 마치 노인처럼 얼굴에 주름이 진다.

"저와 함께 약을 하던 친구들 가운데 오직 한 사람만 손을 떼었어요. 세 명은 약물 과다 복용과 필로폰을 손에 넣기 위해 어리석은 짓을 하다 살해되었어요. 두 명은 교도소에 있는데 한 명은 살인죄로, 다른 한 명은 강도 짓을 하다가 잡혔지요."

아저씨가 한참 동안 커피를 들여다본다.

"맞아요. 제가 살아 있는 건 행운이에요. 어찌 보면 축복받았다고 할 수 있겠지요."

그가 다시 우리들과 베쓰 아줌마를 바라보며 말했다

"며칠 전에 누나에게 용서를 청했어요. 제가 누나한테 한 짓은 끔찍한데다 변명할 여지가 없어요. 누나가 저를 용서하지 않는다 해도 누나를 비난할 수 없어요."

제임스 아저씨의 아랫입술이 조금씩 떨렸다. 베쓰 아줌마가 아저씨의 손을 잡고서 토닥거린다.

"제가 돌아올 수 있었던 것은 저를 포기하지 않은 누나와 이 구슬 덕분이에요."

아저씨는 엄지와 검지로 묵주알을 들고 말을 이어갔다.

"누나가 이 구슬이 묵주알이라고 말해주었을 때 별로 놀라지 않았어요. 우리는 가톨릭 신자지만, 부모님이 돌아가시고 나서는 성당에 가지 않고 기도도 하지 않았어요. 믿음을 버린 거죠. 나쁜 일이 일어나도록 두는 하느님을 이해할 수 없었어요. 누나는 계속 성당에 나갔는데 아마 그 믿음으로 오랜 세월 동안 저를 너그럽게 사랑할 수 있었던 거 같아요. 그리고 놀랍게도 저를 용서해 주었어요."

제임스 아저씨는 베쓰 아줌마를 쳐다보고 나서 나를 보았다.

"지난가을 어느 날, 갑자기 누나한테 전화해야 할 것 같은 이상한 기분이 강하게 들었어요. 마침 주머니에 동전이 있어서 누나한테 전화를 걸었지요. 그리고 다음 날 누나를 만났어요. 그때, 누나가 이 구슬을 제게 줬어요. 싸구려 체인에 걸려있는 보잘것없는 작은 구슬이었어요. 저는 그저 누나를 기분 좋게 해주려고 받았지만 솔직히 말하면 이 구슬로 얼마나 받을 수 있을지를 생각했어요. 부끄럽게도 제 이니셜인 J C L을 가진 딜러를 생각해 내려고 했죠. 하지만 그런 사람이 생각나지 않은 게 다행이었어요. 누나를 만난 날도, 저는 마약을 했어요. 다음 날, 정신이 돌아왔을 때까지도 그 구슬은 제 목에 그대로 걸려있었어요."

제임스 아저씨는 이어지는 이야기가 아직도 믿을 수 없다는 듯이 고개를 흔들었다.

"그때 저는 제 작은 나무판자 집에 있었어요. 마약을 하고 나면 늘 아침 찬 공기에 몸을 웅크린 채 떨고 있거든요. 그런데 갑자기 집 안이 따뜻해지는 거예요. 몸이 떨리지 않았어요. 그리고 제 앞에 어떤 여인이 서있었어요."

그때 에블린이 내 팔을 잡자, 우리는 얼른 서로 얼굴을 쳐다보았다. 제임스 아저씨가 계속 말을 이어갔다.

"그분은 매우 아름다웠어요. 하지만 그건 단지 그분의 얼굴이나 머리카락처럼 눈에 보이는 아름다움이 아니었어요. 그건 기쁨이었어요. 기쁨이 얼마나 큰지 그분의 얼굴에서도 그 기쁨이 전해졌고 실제로 내 작은 집을 밝혀주었어요."

제임스 아저씨는 묵주알을 내려놓고 몸을 앞으로 기울이며 양손으로 테이블을 잡았다.

"그분은 아무 말이 없었지만, 저는 그분이 누구인지 알았어요. 성모님이셨어요. 제가 어떻게 알았는지 모르겠어요. 그냥 알았어요."

제임스 아저씨가 말을 멈추자, 나는 말없이 고개를 끄덕이며 주변을 둘러보았다. 베쓰 아줌마 눈에는 눈물이 그렁그렁하고, 외숙모는 놀라움에 가득 찬 표정이다. 반면 아빠는 믿지 못하는 것 같고, 에블린의 눈은 놀라움과 흥분에 차 있다. 아저씨가 계속 말을 잇자 다시 집중했다.

"저는 왜 그분이 오셨는지 알았어요. 제가 올바로 살도록 바로잡아 주기 위해서예요. 제가 잘못한 일과 사람들의 마음을 아프게 한 일이 머릿속을 가득 채웠어요. 그리고 제가 어떤 사람이 되어야겠다는 생각도요. 책임감 있는 동생, 진실한 친구, 어쩌면 남편이나 아빠…."

그가 우리를 둘러보며 미소 짓는다.

"그때, 바로 그 자리에서, 저는 도움을 청하러 가야겠다고 결심했어요. 그러자 그 여인이 미소 지으며 더욱 빛을 내면서 저를 향해 팔을 벌렸어요."

제임스 아저씨의 얼굴에서 빛이 났다. 그는 기억에 빠진 듯 눈을 감았다. 잠시 뒤에 현실로 돌아온 듯 담담하게 말했다.

"그리고 사라지셨어요."

아저씨가 의자 깊숙이 앉았다. 잠시 뒤 아저씨의 얼굴에 또다시 경이로운 표정이 나타났다.

"그 구슬 목걸이는 계속 제 목에 걸려있었어요. 목걸이를 뺀 적이 없거든요. 그런데 어찌 된 영문인지 구슬이 제 손에 있는 거예요. 분명히 제가 빼지 않았어요."

그는 아직도 믿기 어렵다는 듯이 고개를 저었다. 우리들은 넋을 잃고 계속 아저씨를 쳐다보았다.

"제정신이 들기까지는 한참이 걸렸어요. 정신이 들자 줄에 구슬을 다시 걸고, 얼마 되지 않은 짐을 싸서 선교 공동체까지 걸어갔어요."

제임스 아저씨는 약속한다는 듯이 누나를 보며 말했다.

"그 뒤로 저는 손을 씻었어요. 절대로 전처럼 살지 않을 거예요. 저는 이 구슬이 특별하다는 걸 믿어요. 여러분도 이미 알고 있다고 생각해요."

아저씨의 놀라운 이야기를 들으며 나는 할 말을 잃었다. 맞은편에 앉은 아빠를 보니 아빠도 어딘가 조금은 편치 않아 보였는데 아빠가 하는 말에 더욱 놀랐다.

"제임스 씨, 당신 말이 맞아요. 케이트 말고, 다른 사람들도 묵주알을 갖고 있는데, 그 묵주알을 지니고 나서 얼마 지나지 않아 그들에게 놀라운 일이 일어났어요. 저는 그것을 믿지 않았어요. 지금도 믿게 된 건지는 아직 잘 모르겠어요. 하지만 묵주알에 특별한 무언가가 있는 것 같군요."

아빠 말을 들은 에블린이 내 발을 찼다. 어찌나 세게 찼는지, 나는 자리에서 벌떡 일어나고야 말았다. 시선이 모두 나에게 쏠리자 무슨 말이라도 해야 할 것 같아서 덧붙였다.

"네, 어떤 여자분이 자동차 사고를 크게 당했는데 조금도 다치지 않았고, 한 어린아이는 암이 치유됐어요. 게다가 이번엔 아저씨가…."

묵주알을 찾아서

나는 잠시 말을 멈추었다가 다시 말했다.

"그리고 제가 묵주알을 발견하게 된 것도… 그 또한 특별한 일이었어요. 하지만 저한테는 아직 기적이 일어나지 않았어요."

그때 외숙모가 말했다.

"케이트, 어쩌면 너한테는 다른 종류의 기적이 일어나고 있는지도 몰라. 묵주알을 발견하고, 이런 놀라운 이야기들을 듣게 되었으니 아마 그것이 네 마음 안에서 기적을 일으키고 있을 거야."

외숙모 말이 맞는 것 같다. 내 목에 걸린 작은 묵주알을 발견하고, 다른 묵주알을 찾아가면서 그동안 일어난 기적 같은 이야기를 듣고…. 그리고 이 작은 묵주알이 존재를 모르고 살았던 어머니 마리아에게 나를 이끌었고, 전에는 해본 적이 없는 고요한 기도를 하도록 했고, 하느님께 대한 신앙으로 이끌었다.

"외숙모 말이 맞는 거 같아요."

나는 묵주알을 굴리며 천천히 고개를 끄덕였다. 그리고 외숙모의 눈을 깊이 들여다보며 말했다.

"정말 그런 거 같아요."

집에 엄마가 없다

    우리는 제임스 아저씨가 새사람이 된 것을 축하해 드리고 다른 묵주알을 찾으면 알려주기로 했다. 제임스 아저씨는 가지고 있던 묵주알을 선교 공동체에 새로 들어온, 자신과 이니셜이 같은 사람에게 주고 싶어 했다. 그분도 새사람이 되도록 이끌어 줄 거라는 희망을 가지고 있었다. 좋은 생각인 것 같아 모두 동의했지만, 나는 제니 외숙모에게 그 묵주알을 주지 못한 것이 끝내 마음에 걸렸다. 우리는 베쓰 아줌마와 제임스 아저씨와 악수를 하고 헤어졌다. 짧은 만남인데도 무척 가까워진 느낌이다.

    묵주알이 특별한 것 같다고 한 아빠와 빨리 얘기를 해보고 싶은데 외숙모와 에블린이 함께 있는 차 안에서는 물어

보기가 어려웠다. 에블린 집에 도착해 외숙모와 에블린은 내리고 그웬을 차에 태운 다음, 폴을 데리러 메리 엘렌 이모 집으로 갔다. 이모가 저녁을 먹고 가라고 해서 아빠와 나는 고마운 마음으로 그러겠다고 했다.

아빠는 로버트 이모부와 이야기하고, 그웬은 아이들 노는 소리가 들리는 지하실로 내려갔다. 나는 부엌에 있는 의자에 앉아 이모가 음식 만드는 것을 지켜보았다. 이모가 제임스 아저씨를 만난 일에 대해 묻기에 우리가 나눈 이야기를 모두 말했다. 이야기를 마치자 눈을 반짝이며 듣고 있던 이모가 "하느님은 정말 놀라운 분이야. 하느님께서 일하시는 방법이란… 와우" 하고 말한다. 그러더니 한동안 말이 없다. 아마도 그동안 있었던 일을 곰곰이 생각하는 것 같다.

"네, 저도 하느님이 정말 놀라운 분이라는 생각이 들어요."

나는 어린 한나와 엄마의 묵주알에 대해 생각하기 시작했다.

"이모."

"응?"

이모가 딸기를 씻다 말고 나를 본다.

"만일 엄마의 묵주알을 되찾으면 엄마한테 특별한 일이 일어날까요?"

딸기를 씻던 이모 손이 멈추었다. 잠시 뒤, 이모는 고개를 저으며 슬픈 눈으로 나를 보며 말했다.

"아마 그럴 수도 있겠지. 하지만 너도 알다시피 묵주알에 그런 힘이 있는 거 같지는 않아."

"맞아요. 하지만 정말 속상해요. 그게 어디 있는지 알면서도 가지러 가기엔 너무 멀어요. 게다가 한나라는 아이에게 묵주알이 너무 큰 의미가 됐고, 아빠는 한나한테 묵주알을 받지 말아야 한다고 생각해요."

그때 갑자기 어떤 생각이 떠올라 밝은 목소리로 이모에게 물었다.

"한나가 가지고 있는 묵주알을 다른 것과 바꾸면 어떨까요? 한나한테 내 묵주알을 주고 엄마 묵주알을 받는 거예요."

이모가 고개를 저으며 말했다.

"글쎄, 그럴 수도 있겠지만 네 묵주알도 너한테 아주 특별하잖아. 방법을 계속 생각해 보자."

나는 어깨를 떨어뜨리며 "맞아요" 하고 말했다.

"케이트, 우편으로 보내달라고 하면 어떻겠니? 그러면 간단할 것 같은데."

나는 단호하게 고개를 저었다.

"안 돼요. 몇 년 전에 엄마가 덴버에 있는 리즈 이모한테

크리스마스 선물을 보냈는데 결국 못 받았잖아요. 잃어버릴지도 모르는 방법을 택하고 싶지 않아요."

나는 다시 한번 고개를 저었다.

"알았어, 케이트. 하지만 네가 모든 일을 제쳐두고 플로리다로 갈 수는 없잖아."

또 다른 생각이 떠오르자 이번엔 좀 당돌하게 물었다.

"이모가 데려다줄 수 있잖아요."

이모가 당황했을 것이다.

"케이트, 이모는 보살필 애들이 다섯이야. 아이들을 두고 떠날 수는 없단다."

이모 말이 맞다. 생각 없이 한 말이지만 거절당하고 실망한 건 사실이다. 나는 감정을 숨기려고 애써 웃어 보였지만 이모와 눈을 마주칠 수 없다.

"죄송해요. 괜히 그런 말을 해서."

이모는 내가 앉아있는 싱크대 옆으로 오더니 내 무릎 위에 손을 올려놓고 말했다.

"이모도 이해하니까 미안해하지 않아도 돼. 이모가 같이 갈 수 있으면 좋겠지만 방법을 못 찾겠어."

이모가 나를 안아주자 또 눈물이 나오려고 한다. 눈물을 참으려고 눈을 감았다. 사람들이 나를 동정할 때마다 눈물이 나오는 이유를 모르겠다. 그제야 내가 의자에 앉아 아무

것도 하지 않고 있다는 걸 깨달았다. 이모 혼자 음식 준비를 하고, 요리하고, 설거지까지 한다. 이모에게 도와드릴 것이 있냐고 물으니 식탁을 준비해 달라고 한다. 손을 바삐 움직이면서 예리한 이모의 눈길을 피해 내 감정도 숨길 수 있으니 잘됐다. 부엌에 있는 식탁에는 아이들을 위해, 거실에는 어른들을 위해 음식을 준비했다.

식사 준비를 마치고, 이모가 식구들을 부르는데 전화벨이 울린다. 이모가 발신자 번호를 보며 전화를 받았다. 통화를 마친 이모가 거실로 들어오며 말했다.

"에블린 엄마예요. 내일 미사 드리고 나서 모두 자기 집에 와서 브런치를 먹자고 하네요."

"와, 좋아요!"

나는 먼저 대답하고 나서야 아빠에게 물어볼 생각이 났다.

"아빠, 가도 되죠?"

"케이트, 오늘 종일 밖에 있어서 아빠는 집에서 해야 할 일이 아주 많단다. 생각해 보고 외숙모한테는 집에 가서 알려줄게. 알았지?"

"네"라고 대답했으나 몹시 실망스럽다.

식사 전 기도를 하고 나서 모두들 편안한 마음으로 식사를 시작했다. 아빠를 보면서, 문득 아빠가 외갓집 식구들과 잘 어울린다고 생각했다. 아빠와 함께 자란 사람들이 아닌데도 아빠는 편안해 보인다. 나는 그것이 축복이라는 것을 알고 있다. 학교 친구들에게서 엄마가 아빠 가족들과 사이가 안 좋거나, 아빠가 엄마 가족들과 사이가 안 좋다는 이야기를 많이 들었다. 우리 집 같은 경우는 드문 것 같다. 특히 지금처럼 엄마가 없는 데다 할아버지와 할머니는 멀리 사우스캐롤라이나주에 계시는데 이렇게 잘 지내는 대가족이 있다는 것이 참 좋다. 하지만 아빠가 토요일에 종일 외갓집 식구들과 지낸 것으로 충분하니, 일요일에는 아빠의 시간을 갖겠다고 말해도 할 말은 없다.

맛있는 저녁 식사였다. 나는 설거지를 하겠다고 나서며, 외사촌들 가운데 가장 나이가 많은 토마스와 제크를 보조로 뽑았다. 설거지를 거의 마치고 식탁을 닦는데, 거실에서 이모와 아빠가 소리를 낮추어 대화하는 소리가 들렸다.

"형부, 내일 아침에 성당에 갔다가 에블린네 집에 함께 가면 좋겠어요."

"나도 가고 싶지만 정말 할 일이 많아."

"이해해요. 형부가 원하면 제가 애들을 데리러 갈게요. 하지만 애들이 형부와 함께 가길 원할 거예요. 지금 애들에게는 어느 때보다도 형부가 필요해요."

아빠의 한숨 소리가 들리고, 머리카락을 쓸어내리는 아

빠의 모습이 그려진다.

"처제 말이 맞아. 그렇기 때문에 내가 할 일이 아주 많아졌어. 다음 주를 위해 준비할 것이 많아서 시간이 필요해."

"그렇겠죠. 암튼 생각해 봐요. 아까 말한 것처럼 저는 기쁜 마음으로 아이들을 미사에 데려갈 거예요. 그리고 괜찮다면 미사 끝나고 에블린네 집에도 같이 갈 거예요."

"내일 아침, 내 상태가 어떤지 보고 알려줘도 되지? 그럼 그러기로 하고 애들 외숙모한테는 아이들은 브런치 먹으러 간다고 말해줘."

대화가 끝난 것 같다. 엿들은 것 같아서 약간의 죄의식을 느끼며 살금살금 걸어 부엌으로 돌아왔다. 아직 설거지 할 그릇이 몇 개 남아 있고 싱크대도 닦아야 하는데 토마스와 제크는 사라지고 없다. 10분쯤 지났을까! 나는 뿌듯한 마음으로 부엌을 둘러보았다. 반짝반짝하다. 아빠와 로버트 이모부가 다가오는 미식축구 선발전에 대한 이야기를 나누고 있는 거실로 갔다. 두 분의 대화가 지루해지자 다른 데로 가봤다. 토마스와 제크가 비디오 게임을 하고 있고 그웬이 옆에서 보고 있다. 근처에서 마리아가 인형 머리를 빗기며 놀고 있다. 폴은 아이삭과 다니엘과 밖에서 농구를 하고 있다. 비디오 게임도 인형 놀이도 농구도 흥미가 없자 이제 정말 집에 가야겠다는 생각이 들었다. 다시 거실로 갔다.

마침 아빠와 로버트 이모부의 대화도 시들해진 것 같아서 이제 집에 가자고 하니 아빠가 쾌히 그러자고 했다. 비디오 게임이 지루했던 그웬도 기분 좋게 일어났지만, 농구를 하고 있던 폴은 질질 끌고 나와야 했다.

집에 엄마가 없다는 것이 이상하다. 엄마가 있는 곳에는 텔레비전이 있을까? 엄마는 책을 읽고 있을까? 토요일 밤이니까 모임 같은 것이 있을까? 그곳에도 미사가 있을까? 만일 있다면 엄마가 참석할까? 내 생각에는 참석하지 않을 것 같다.

엄마가 없는 집이 이상하면서도, 지난 1년 동안 우리 가족을 짓누르던 무거운 슬픔의 장막이 더는 그립지 않다. 그것을 생각하면 죄책감이 든다. 차 창밖을 내다보면서 더는 엄마를 생각하지 않으려고 애썼다.

비 내리는 일요일 아침이다. 한기가 느껴진다. 시계를 맞추어 놓고 7시 반에 일어났다. 아빠는 벌써 일어나서 컴퓨터 앞에 있다.

"안녕, 아빠."

서재 방문에 기대어 인사하자, 아빠가 의자를 돌리며 "딸, 잘 잤니?" 하며 미소 짓는다.

"네, 아빠는요?"

"다른 날보다 잘 잤어."

내가 기대에 차서 물었다.

"성당에 갔다가 에블린네 집에 함께 갈 수 있어요?"

"아빠는 정말 갈 수가 없단다. 하지만 이모가 너희를 데리러 올 거야."

"네, 아빠."

실망한 것을 드러내고 싶지 않지만 정말 아빠와 함께 가고 싶다. 그리고 아빠가 그 묵주알에 뭔가 특별한 게 있는 것 같다고 말하고 나서부터 희망이 생겼다. 어쩌면….

"아빠?"

"응?"

"어제 베쓰 아줌마랑 제임스 아저씨 만났을 때, 아빠가 그 묵주알이 특별한 것일지도 모른다고 말했잖아요."

아빠는 다시 의자를 돌려 컴퓨터를 바라본다.

"내가 그렇게 말했던가?"

아빠의 목소리에 약간의 후회가 섞여 있는 듯하다.

"정말 그렇게 생각해요?"

"글쎄, 너도 이제 이런 대화를 할 만큼 충분히 큰 것 같구나. 아빠는 현실주의자야. 보지 않고는 믿지 않아. 어딘가에 '하느님'이 있다는 사실에 대해서는 확신이 서지 않아. 아빠는 이해하지 못하겠어. 아빠는 너희들을 가톨릭 신자로 키우려는 엄마의 바람을 항상 존중해왔고 신을 믿는 것이 삶을 좀 더 평화롭게 해준다는 걸 알지. 단지 아빠는 신을 믿지 않을 뿐이야. 네 할아버지와 할머니는 종교는 없었지만 늘 선한 것에 대한 가치와 자신감 그리고 책임감 있는 사람이 되는 법을 가르쳐 주셨고, 아빠는 그 가르침대로 살려고 노력해 왔어."

아빠가 깊은 한숨을 쉬고 나서 말을 이었다.

"외갓집 식구들은 가끔 아빠를 놀라게 했지. 외할머니에게서는 평화가 느껴졌어. 큰 어려움을 겪으면서도 평화를 잃지 않으셨는데 정말 놀라웠지. 그리고 늘 신앙으로 견딜 수 있었다고 말씀하시곤 했지. 외할아버지가 돌아가셨을 때, 외할머니는 가장 가까운 친구를 잃은 거 같았는데도 어떤 기쁨이 있었어. 기억나니?"

아빠가 궁금하다는 듯이 나를 쳐다본다. 나는 기억을 더듬으며 고개를 끄덕였다.

"언젠가 외할머니가 외할아버지는 이제 고통이 끝났다고 말씀하신 게 기억나요. 외할아버지는 정말 좋은 분이었다고 하면서 더 좋은 곳으로 갔다고 믿고 계셨어요."

아빠가 미소 짓는다.

"맞아. 나도 네 외할머니 얼굴에서 희망을 본 걸 기억하고 있단다."

아빠는 뭔가를 생각하며 의자 깊숙이 앉는다.

"메리 엘렌 이모가 살아가는 모습, 요셉 외삼촌이 기쁘게 사제로 사는 모습…. 사실 요셉 외삼촌은 많은 걸 포기했잖아. 아내와 자녀 그리고 사회생활 등. 그런데도 내가 아는 사람 가운데서 가장 기쁘게 살지."

아빠가 어깨를 으쓱하더니 멍하니 컴퓨터 화면을 바라본다.

"아빠는 종교에 대해 진지하게 생각할 가치를 못 느꼈어. 자신보다 큰 존재를 믿으려 하거나 의지하려는 사람들이 있을 뿐이라고 생각했지. 네가 발견한 그 작은 묵주알에 대한 일을 기적이라고 보고 싶지는 않아. 하지만 부정할 수 없는 놀라운 게 있긴 해. 아빠는 현실주의자지만 그것을 단순히 우연이라고 단정 지어 말할 수는 없을 거 같아. 아빠는 그 묵주알에 무언가가 있다는 걸 인정해. 그것이 내가 알고 있는 믿음을 가진 사람들에 대해 생각하게 했지. 외할머니, 메리 엘렌 이모, 요셉 외삼촌…. 아빠가 외갓집 식구들을 만났을 때, 그들의 친절함이 그저 좋은 가정 분위기에서 나오는 거라고 생각했단다. 그리고 아빠 사무실에서 만난 나탈리 기억하지?"

"네, 그분도 친절했어요."

"그렇지. 나는 나탈리가 좋은 환경, 사랑이 많은 가정에서 자랐다고 생각했어. 그런데 나중에 그녀의 아빠는 폭력적이었고, 엄마는 그녀를 버리고 떠났다는 사실을 알게 됐어. 그런데도 나탈리는 늘 사무실 분위기를 밝게 한단다.

아빠가 어깨를 한번 으쓱 한다.

"아무튼 그 모든 게 하느님과 관련된 무언가가 있다는 생각이 들어. 하지만 아빠는 전적으로 신앙인이 될 준비는 안 됐어. 어쩌면 오래 걸릴지도 몰라."

나는 아빠가 한 말을 받아들이기 위해 고개를 끄덕였다. 아빠에게 신앙이 없는 것은 알고 있다. 하지만 아빠가 이렇게 아빠의 생각을 설명해 준 적은 한 번도 없었다. 아빠에게 연민이 생긴다. 나도 믿음이 강한 건 아니지만 적어도 나는 하느님이 계시다는 것은 믿는다. 하느님은 정말 크신 분이고 나를 사랑한다.

지난 몇 주를 되돌아보면서 내게 믿음이 이토록 중요한지 다시 보게 되었다. 그 힘들었던 시간 동안 믿음이 내게 얼마나 큰 평화와 안정을 주었는지에 대해 생각해 보았다. 믿음이 없었다면, 그 시간을 어떻게 견딜 수 있었을까? 내게 믿음이 있어서 기쁘다.

내 손을 보던 시선을 아빠에게 옮기며 작은 목소리로 물었다.

"그래서 아빠는 우리와 함께 성당에 안 갈 거예요?"

"아빠는 할 일이 너무 많단다."

나는 고개를 끄덕이며 아빠를 위해 기도하겠다고 했다. 성당에 가기 위해 빨리 씻은 다음 간단히 아침을 먹었다.

이모가 조금 일찍 우리를 데리러 왔다. 미사가 시작되기 전에 묵주기도를 하기 위해서다. 그웬과 폴은 기도하는 것을 좋아하지 않았지만 비교적 자리에 잘 앉아있었다. 아빠가 말한 외할머니, 메리 엘렌 이모, 요셉 외삼촌과 나탈리 언니에게 있는 신앙의 힘에 대해 생각하면서, 미사는 내게 새로운 아름다움으로 다가왔다. 그리고 전 세계에 있는 신자가 똑같이 미사를 드리는 것에 대해서도 생각했다. 아마 수백 개쯤 되는 다른 언어로 같은 복음 말씀을 듣고 성체를 받아 모실 것이다. 평소에는 흘려들은 작은 것까지도 오늘은 집중해서 들었다. 그리고 우리 가족이 어려움을 겪는 이 때가 사순 시기라는 것도 알았다.

미사가 끝나고 에블린네 집으로 가기 위해, 메리 엘렌 이모의 차 조수석에 앉았다. 그웬은 마리아와 뒷좌석에 앉았다. 폴은 이모의 아이들과 함께 로버트 이모부의 차에 탔다. 계속 비가 내리고 있어서 와이퍼가 차창을 가로지르며 빠르게 움직이고 있다. 퍼붓는 빗소리 때문에 이모가 큰 목소리로 생각지 못한 이야기를 했다.

"매튜 외삼촌과 제니 외숙모, 그리고 존 외삼촌과 캐시 외숙모도 오늘 오기로 했어. 네가 묵주알에 대한 이야기를 가족들에게 직접 해주면 좋을 거 같은데."

"저… 저기."

나는 말을 더듬었다. 친척들에게 말하는 게 왜 긴장되는지 모르겠다. 관심 받는 것을 좋아하는 편인데도 말이다. 그리고 특별한 비밀이 있다는 건 소중한 특권이 아닌가. 그런데 이 비밀을 말할 생각만 해도 손에 진땀이 나고 심장이 마구 뛴다.

그때 그웬이 몸을 앞으로 기울이며 소리쳤다.

"내가 말할게요! 멋질 거 같아요!"

나는 그웬을 빤히 쳐다보았다. 당연히 내가 해야 할 이야기를 동생이 하는 건 싫다. 와이퍼가 빗물을 닦아내는 것을 보면서 몇 번 헛기침을 하고 말했다.

"내가 할게요."

빗소리에 섞여 아무도 듣지 못한 것 같다.

"네가 이야기하겠니?"

내 말을 듣지 못한 이모가 다시 큰 소리로 물었다. 이모가 나를 힐끗 보자 나는 고개를 끄덕이고 나서 어떻게 말할 것인지 생각하기 시작했다.

에블린네 집에 도착하자마자 친척들로 북적대는 부엌을

둘러보았다. 아빠가 보이지 않는다. 갑자기 마음이 울적해진다. 할 일이 많다고는 했지만 올지도 모른다는 희망을 놓지 않고 있었는데…. 아빠가 있다면 모든 것이 훨씬 쉬울 텐데….

식사를 마치자 외숙모가 어린 사촌들을 데리고 지하실로 내려가 영화를 틀어주었다. 딜런 오빠와 에블린 그리고 어른들은 큰 방에 모였다. 의자와 소파에 앉기도 하고 서있기도 하고, 문 옆이나 책상에 기대기도 하고 바닥에 앉기도 했다. 자주 만나지는 못해도 서로를 염려하는 가족들이 모여있는 모습은 보기만 해도 마음이 푸근하다.

메리 엘렌 이모가, 내가 나누고 싶은 이야기가 있다고 하자 모든 사람의 눈이 나에게로 쏠렸다. 나는 묵주알을 발견한 이야기부터 시작했다. 모든 것을 자세히 이야기 했지만 제임스 아저씨의 이름과 아저씨가 가지고 있는 묵주알에 새겨진 이니셜만은 언급하지 않았다. 찾아오지 못한 묵주알이 제니 외숙모의 묵주알이라는 것을 외숙모가 몰랐으면 해서다. 이야기가 끝나자 많은 질문이 쏟아졌고 모두들 무척 흥미로워했다. 몇 분은 눈물을 흘리기도 했다.

요셉 외삼촌이 나를 향해 따뜻한 미소를 짓고는 가족들을 향해 말했다.

"나는 지난 주말에 케이트한테서 직접 이야기를 들었어.

묵주알을 찾아서

메리 엘렌 누나가 전화를 해서 내 지혜가 필요하다고 했거든."

요셉 외삼촌이 씨익 웃으며 말했다.

"이런 일이 우리 가족에게 일어난 건 놀라운 일이야. 하지만 모두에게 주의를 주고 싶은 게 있어. 무엇보다 하느님께 초점을 맞춰야 해. 이런 아름다운 이야기를 듣게 되면 어떤 '요술' 같은 거라고 생각하기 쉬운데 그건 아주 위험한 일이고 절대 그렇지 않아."

요셉 외삼촌은 방을 둘러보고 나서는 몸을 앞으로 기울이며 다시 말했다.

"여기서 중요한 건 하느님의 사랑과 은총이야. 하느님은 우리에게 교회를 통해 칠성사를 주셨어. 그리고 성물도 주셨지. 성물은 묵주나 신심 메달 혹은 십자고상 같은 거지."

요셉 외삼촌은 방문 위에 걸려 있는 십자고상을 가리켰다.

"성물은 신앙의 표시이자 상징이야. 우리가 신앙 안에서 더욱 풍요롭게 살아가도록 도와주기 위한 것이지. 그것이 우리를 하느님의 은총으로 이끌어 주지만, 그 자체에 어떤 힘이 있는 건 아니야. 케이트가 말한 놀라운 사건이 이 묵주알과 연관이 있는 거 같지만, 사실은 묵주알 자체로 인해 일어난 게 아니야. 그건 깊은 신앙을 가지고, 하느님께 의탁한 우리 엄마가 수십 년 동안, 그 묵주로 한 알 한 알 기도하신 것에 대한 응답일 거야. 그리고 아마도 우리의 복되신 어머니 마리아가 우리를 위해 우리와 함께 기도하신 결과일 거야. 케이트는 우리를 사랑하시고, 우리의 기도에 귀기울이고 응답하시는 하느님을 체험한 거야. 기도는 강력한 힘이 있어. 엄마는 그 묵주기도의 힘을 알고 계셨고, 우리들도 그것을 체험했지. 이 모든 건 우리가 서로 연결되어 있다는 걸 일깨워 주는 거라고 생각해."

엄마의 묵주알

"요셉 외삼촌, 엄마 묵주알이요…. 그게 플로리다에 사는 한나에게 있잖아요. 암을 앓았던 아이요. 외삼촌은 우리가 그 묵주알을 되찾아야 한다고 생각해요?"

"글쎄, 다시 말하지만 묵주알 자체에 어떤 특별한 힘이 있는 게 아니란다. 그렇지만 성물과 관련된 많은 기적 이야기가 있지. 콜카타의 마더 데레사 성녀에 대해 들어봤니?"

"네, 작년에 그분에 대해 배웠어요. 인도에서 가난한 사람들을 위해 봉사하고 사랑의 선교회를 설립한 분 맞지요?"

"맞아. 마더 데레사 수녀님이 비행기에서 만난 어떤 사람에게 묵주를 주었다는 이야기를 들은 적이 있어. 묵주를 받은 그 사람은 믿음을 갖게 되었지. 그리고 아픈 친구에게 그 묵주를 주었는데, 그 친구가 치유를 체험한 거야. 그래서 묵주가 필요할 것 같은 다른 친구들과 가족에게 묵주를 빌려주기 시작했어. 그 소문이 널리 퍼지면서 묵주를 빌려달라는 요청을 받았고, 그는 우편으로 묵주를 보냈대. 실제로 그 묵주로 기도한 사람들이 치유와 안정과 평화를 체험했다는 거야."

나도 그와 비슷한 이야기를 기억하며 고개를 끄덕였다.

요셉 외삼촌이 계속 말을 이어 가자, 나는 다시 외삼촌에게 주위를 기울였다.

"그러니까 묵주알 그 자체에 어떤 힘이 있는 건 아니지만, 하느님은 사물이나 상황 또는 사람을 통해 우리에게 은총을 주신단다."

외삼촌이 다시 내 눈을 깊이 바라보며 말했다.

"케이트, 내 생각에는 엄마가 그 묵주알을 가지고 있는 것도 의미가 있을 거 같구나. 그것을 몸에 지님으로써 지금까지 하느님이 항상 함께하셨고, 앞으로도 함께하신다는 걸 기억하는 데 도움이 될 거 같아."

나는 숨을 한번 크게 들이마셨다. 외삼촌의 말이 내게 희망을 주었다.

'이제 누군가가 플로리다에 함께 가겠다고 나서겠지?'

모두를 제치고 딜런 오빠가 크게 외쳤다.

묵주알을 찾아서

"내가 케이트를 플로리다에 데려다줄게요."

그 순간, 수잔 외숙모의 얼굴이 두려움으로 일그러지며 "안 돼" 하고 말했다.

"왜요? 나도 이제 열여덟 살이라고요! 못 갈 이유가 없어요. 봄방학이니 갈 수 있잖아요. 속도제한도 잘 지킬게요."

"딜런, 미안하지만 엄마 마음이 편하지 않아. 나는 학생들이 플로리다까지 운전해서 갔다는 이야기를 수없이 들었어. 그리고 가다가…."

외숙모가 고개를 절레절레 흔든다.

"암튼 그건 안 돼. 위험해."

결국 외숙모가 한숨을 쉬고 나더니 말했다.

"차라리 내가 갈게."

나는 소파 팔걸이에 앉아있는 외숙모에게 뛰어가서 외숙모를 얼싸안으며 말했다.

"정말요? 감사합니다!"

"케이트, 이건 놀러 가는 게 아니야. 거기까지 가려면 장시간 운전을 해야 해서 구경할 시간은 없어. 딜런도 우리와 함께 가도 좋아. 그러면 번갈아 운전할 수 있어서 내가 좀 쉴 수 있겠지. 에블린도 함께 가자. 너희 둘도 번갈아 운전하면 되겠다. 그러면 한 사람만 오랫동안 운전하지 않아도 되고, 너희 둘은 운전면허를 따기 전에 연습도 더 할 수 있을 거야. 이번 주말에 가기로 하자."

외숙모가 외삼촌을 바라보며 물었다.

"그래도 되죠?"

매사에 너그러운 외삼촌은 이번에도 예외는 아니다. 외삼촌은 고개를 끄덕이며 외숙모를 보며 웃었다.

외숙모가 나에게 말했다.

"물론, 네 아빠도 허락해야 한다."

아빠를 설득하기 위해 곧 작업에 돌입했지만 쉽지가 않았다. 하지만 사정하고 매달려서 결국 플로리다에 갈 수 있는 허락을 받았다. 아빠는 엄마의 자가용을 타고 가라고 했다. 외숙모의 미니밴 보다는 안전하다는 게 아빠의 주장이다.

아빠는 빌링스 아저씨에게 전화를 걸어 한나네 집 전화번호를 받았다. 스피커폰을 켜놓고 한나네 집에 전화를 거니 한나 엄마가 전화를 받았다.

"여보세요, 한나네 집인가요? 저는 마이크 로버츠라고 합니다. 제 딸 케이트도 옆에 있습니다."

상대방은 정중하게 전화를 받았으나 우리가 누구인지 잘 모르는 것 같았다.

"한나가 외할아버지가 준 특별한 구슬 세 개를 가지고 있다고 들었어요.

"혹시 구슬 주인의 가족인가요? 저희가 그 구슬을 가지고 있도록 해주셔서 고맙다는 인사를 드리고 싶었어요. 구슬이 우리 한나한테 기적을 일으킨 거 같아요."

"한나 어머니, 그 구슬은 제 장모님의 묵주알입니다. 한나가 회복되었다는 이야기를 듣고 저희도 무척 기뻤습니다. 아마도 그 묵주알이 어떤 역할을 한 거 같아요."

아빠는 그다음 할 말을 신중히 생각하며 나를 보았다.

"한나 어머니, 한나한테 있는 묵주알 가운데 하나에 제 아내, 데레사의 이니셜이 있어요. 그런데 아내가 좀 아파요. 그래서 어쩌면…."

"묵주알을 찾으려고요? 물론이에요! 필요하다면 드려야지요. 그렇다면 제가 우편으로…."

그때, 내가 큰 소리로 말했다.

"안 돼요. 우편으로 보내면 잃어버릴 수 있어요. 저희가 다음 주말에 가지러 가도 될까요?"

"물론이에요. 언제쯤 올 건가요? 혹시 잠잘 곳이 필요한가요?"

"음, 몇 시쯤 도착할지는 잘 모르겠어요. 머무를 곳이 있다면 아주 좋겠지만 너무 폐를 끼치는 게 아닐까요?"

"전혀 그렇지 않아요. 여러분을 모실 수 있어서 영광이에요. 그 묵주알은 한나를 치유해 주었는걸요. 그리고 저희도 무엇이든 도와드리고 싶어요."

"한나 어머니, 한나가 서운해하지 않을까요? 만일 그렇다면 저한테 제 이니셜이 새겨진 묵주알이 있어요. 그걸 대신 줄 수 있어요. 저는 지금 엄마 묵주알을 찾고 싶을 뿐이에요."

"꼭 그럴 필요는 없을 거 같아요. 한나는 차츰 건강해지고 있어요. 더는 묵주알 세 개가 다 필요하지 않아요."

"알겠어요."

조금 안심이 됐다.

아빠가 다시 말했다.

"한나 어머니, 그럼 여행 일정이 정해지면 다시 연락할게요. 케이트와 케이트의 외숙모와 외사촌 둘, 이렇게 네 사람이 갈 거예요. 그런데 이 많은 사람이 댁에 머무는 게 가능한가요?"

"멜라니라고 불러주세요. 그리고 괜찮아요. 한나가 아플 때 많은 사람이 놀랄 만큼 저희한테 잘해주었답니다. 그 은혜를 조금이나마 갚을 수 있다면 감사하죠. 그럼 기쁘게 기다릴게요."

한 주가 더디 간다. 예전에 가끔 엄마와 아빠가 주말에 여행을 떠난 적은 있지만 오랫동안 엄마가 집에 없으니 참

이상하다. 화요일 저녁에는 아빠가 엄마가 있는 병원으로 갔다가 슬프고 지치고 외로운 모습으로 돌아왔다. 병원 규정에 따라 나는 엄마를 방문할 수 없다. 그런데 내가 그것을 내심 좋아하고 있다는 걸 알았다.

아빠가 집에 오는 길에 멕시코 음식을 사 왔다. 우리는 칩, 살사, 타코, 부리토를 꺼내놓고 식탁에 둘러앉았다.

긴장감이 도는 침묵을 참지 못해 내가 말을 꺼냈다.

"엄마는 어때요?"

"감정을 조절하는 약물 치료를 시작했어. 그리고 조금씩 기분이 좋아지고 있는 거 같았어. 오늘 몇 가지 치료를 하고 상담원도 만났어. 엄마를 맡은 복지사와 이야기할 기회가 있었는데, 이삼 주 지나면 퇴원할 수 있대."

우리는 아빠의 말에 어떻게 반응해야 할지 몰라 다시 침묵이 흘렀다.

"수학 시험을 봤는데 A를 받았어요."

분위기를 바꾸어 보려고 내가 먼저 말을 꺼냈다. 아빠가 살짝 웃어 보인다.

"잘했네, 내 딸."

그웬이 "나도 역사 시험 A 받았어요"라고 하니 아빠가 그웬을 보고도 살짝 웃어 보인다.

모두 폴에게 시선이 쏠렸다. 아무 말이 없는 폴에게 아빠가 조심스럽게 물었다.

"폴, 학교에서 어떻게 지냈니?"

"잘 요."

"요즘 시험 본 거 없어?"

"있어요. 근데 잘 못 봤어요."

내가 말했다.

"주로 엄마가 폴이 공부하는 걸 봐줬어요."

"아…."

아빠의 얼굴에 자책하는 표정이 역력하다.

"그래, 내일도 시험이 있니? 저녁 먹고 아빠랑 함께 공부하자."

아빠가 폴의 기운을 북돋아 주려는 듯 말했다.

"없어요. 하지만 산수 숙제가 있는데 너무 어려워요. 아빠가 한번 봐줘요."

폴이 아빠의 제안을 받아들였다.

아빠가 의자 등받이에 등을 기대며 피곤한 듯 손으로 얼굴을 문지른다.

"얘들아, 미안하다. 엄마 역할을 아빠가 못하고 있다는 거 알아. 사실 아빠는 엄마가 한 일을 다 알지 못해. 목록이 있다 해도 아빠가 다 해낼 수 있을 거 같지는 않구나."

아빠가 눈을 감고 미간을 누른다.

"아빠가 더 잘할게. 그러니 아빠가 빠뜨리는 게 있으면 알려줘. 알았지?"

"네, 그럴게요. 그웬과 저도 폴을 도울게요. 그렇지, 그웬?"

그웬이 약간 겁먹은 표정을 짓는다. 하지만 곧 고개를 끄덕이며 "네, 도와줄게요"라고 마지못해 대답했다.

"그리고 다음 주는 봄방학이니까 좀 더 나을 거예요. 숙제도, 시험도 걱정할 필요가 없으니까."

내가 밝은 목소리로 말했다.

"딸들, 아빠를 도와줘서 고마워."

아빠의 말이 마음을 따뜻하게 한다.

요즘은 삶이 진저리가 나도록 힘들다. 하지만 서로 도울 수 있다는 것이 참 좋다.

드디어 토요일 아침이다. 오늘 에블린, 딜런 오빠 그리고 수잔 외숙모와 함께 엄마의 자가용으로 인디애나주에서 플로리다주의 펜서콜라로 갈 것이다. 비록 하룻밤만 머물다 오겠지만 그곳의 따뜻한 날씨가 기대된다. 지난 며칠 동안 인디애나는 겨울이 다시 찾아온 것처럼 추웠다. 잠시라도 해변에 머물다 오고 싶다. 멕시코 걸프 해안을 바라보며 파도 소리도 듣고 싶고 발가락 사이로 백사장의 모래도 느껴보고 싶다.

　마음이 들떠있던 에블린과 나는 출발하자마자 쉴 새 없이 수다를 떨었다. 하지만 수확이 끝난 옥수수밭의 지루한 풍경에 곧 조용해졌다.
　펜서콜라에 가까워질수록 불안했던 지난 시간을 뒤에 남겨놓고 떠나는 기분이 든다. 아빠와 그웬 그리고 폴에게 그것을 떠맡긴 느낌이라 좀 미안하다. 물론 이틀이긴 하나 누가 식사를 챙기고, 누가 빨래하고, 누가 그릇 세척기에 그릇을 넣고 꺼낸단 말인가? 이 모두 내가 책임지던 일이다. 집에 돌아갔을 때, 이틀 동안 먹지 못해 수척해진 가족과 설거짓거리가 잔뜩 쌓여있는 장면을 상상하면서….
　그러다 얼마나 바보스러운 생각인지를 깨닫고 머리를 흔들었다. 아빠는 이제 집안일과 동생들을 돌보는 일을 완벽히 한다. 그래도 내 손길이 필요하다는 것이 기분을 좋게 한다. 그리고 마음 한편에서 은근히 바라는 것이 있다. 집에 돌아갔을 때, 가족들이 모두 지친 표정으로 이태리 파스타를 만들어 달라고 내게 간절히 청하는 것이다.
　2시간쯤 지나자 인디애나주를 지나 켄터키주로 들어갔다. 우리는 기뻐하며 두 주를 나누는 거대한 다리 아래에서 유유히 흐르는 오하이오강을 내려다보았다. 그리고 켄터키 남부에서 잠깐 멈추어 점심을 먹고 나서 구불구불한 푸른

테네시 언덕을 지나갔다. 다시 2시간쯤 지나 어느새 앨라배마주에 들어섰고 이제 목적지에 가까워진 것 같다. 이 정도면 자동차 여행이 나쁘지 않다. 이번에 앨라배마주가 세상에서 가장 긴 주라는 것을 처음 알았다. 아마도 그런 것 같다. 다섯 시간을 달렸는데도 우리는 여전히 앨라배마주에 있다. 그리고 끝나지 않는 여행이라고 생각할 때쯤 '플로리다주에 오신 것을 환영합니다' 푯말이 나타나고 '펜서콜라'라는 붐비는 교외가 보이기 시작했다.

한나의 아빠는 해군이어서 한나네 집은 해군기지 근처였다. 우리는 짧은 해안도로를 지나 조용하고 소박한 마을에 이르렀다. 한나네 집은 열대 복숭아색으로 길게 배열된 단층집이다. 앞마당에는 열대 나무가 있고 뒤뜰에는 사철나무가 집 쪽으로 가지를 드리우고 있다.

우리가 차에서 내리기도 전에, 문이 열리며 한 여자분이 나왔다. 그리고 그 옆에 어린 여자아이가 꼭 붙어있다. 한나 엄마와 한나다. 한나 엄마는 긴 갈색 머리를 뒤로 묶고 꽃무늬 스커트와 분홍 티셔츠를 입고 있었다. 한나는 짧은 갈색 곱슬머리에 크고 파란 눈동자의 귀여운 아이다. 한나의 손에 파란 물감이 있고, 이마와 코밑에도 파란 물감이 군데군데 묻어있는 걸 보니, 그림을 그리던 중에 우리가 온 모양이다.

한나 엄마가 운전석에서 내리고 있는 외숙모에게 다가와 양팔을 벌리며 따뜻하게 맞아주었다.

"안녕하세요, 수잔이지요? 한나 엄마, 멜라니예요. 만나서 반가워요."

"멜라니, 저도 만나서 반가워요. 이 아이가 한나지요?"

외숙모는 한나를 보려고 몸을 굽혔다.

"네, 얘가 한나예요."

멜라니 아줌마는 웃으며 아이의 곱슬머리를 사랑스럽다는 듯 헝클어 놓는다. 그리고 기대에 찬 눈으로 나와 에블린 그리고 딜런 오빠를 보았다.

"안녕하세요, 케이트예요. 그리고 제 외사촌인 에블린과 딜런 오빠예요."

나는 약간 어색하게 소개했다.

멜라니 아줌마는 우리에게 악수를 청하며 정중하게 인사했다.

"어서 들어오세요. 오랫동안 운전하고 오느라 피곤하죠. 좀 있으면 제 남편이 올 거예요. 짐은 남편이 내려줄 거예요."

멜라니 아줌마는 아늑해 보이는 작은 집으로 우리를 안내했다.

"제가 레모네이드와 쿠키를 좀 만들었어요. 그리고 라자

니아가 오븐에서 익고 있답니다."

나는 빌링스 아저씨의 아내, 그러니까 멜라니 아줌마의 어머니가 손님들을 위해 항상 레모네이드와 쿠키를 만들었다는 이야기를 기억하며 미소지었다.

멜라니 아줌마가 우리를 거실로 안내했다. 거실에는 푹신한 소파와 2인용 소파 그리고 팔걸이가 있는 의자가 하나 있다. 에블린이 2인용 소파에 앉자 나도 그 옆에 편히 앉았다. 외숙모와 딜런 오빠는 푹신한 소파에, 멜라니 아줌마는 팔걸이 의자에 앉았다. 그런데 갑자기 아줌마가 몸을 앞으로 기울인다. 우리를 따뜻하게 환영하던 모습에서 무언가에 흔들리는 것처럼 보였다. 무릎이 위아래로 흔들리고 긴장된 듯 두 손을 꽉 잡는다.

"제가… 좀 안 좋은 소식을 말해야 할 거 같아 걱정스럽네요."

에블린과 나는 서로 얼굴을 쳐다보았다. 내 심장이 빠른 속도로 쿵쿵거렸다. 나는 이 소리가 정말 싫다.

멜라니 아줌마가 이야기를 시작했다.

"좀 전까지도 한나에게 묵주알에 대해 물어볼 생각조차 하지 않았어요. 그런데 방금 물어보니 한나가 묵주알 하나를 병원에 있는 친구 타라에게 주었데요. 타라가 몹시 아파서 월요일에 수술이 잡혔거든요. 저희는 그 가족과 친하게 지내고 있는데 전에 묵주알에 관해 이야기를 나눈 적이 있어요. 그때, 묵주알 하나가 타라의 이니셜과 같다는 걸 알았어요. 어제 그 아이를 방문했는데, 제가 타라 엄마하고 이야기를 하는 동안에… 한나가 타라에게 도움이 될 거라고 생각하는 무언가를 주고 싶었나 봐요."

멜라니 아줌마가 입술을 포개어 물고 나를 보았다. 가슴이 철렁했다. 그다음 말을 알 것 같다.

"엄마의 묵주알을 찾는다고 했지. 한나가 그것을 타라한테 주어서 지금은 없단다."

나는 한동안 가만히 있었다. 모두 나를 쳐다보는 것이 느껴진다. 다들 나의 반응을 기다리고 있다. 이 순간이 빨리 지나가길 바라면서 눈을 감았다. 방이 조용하다. 너무 조용하다. 감은 눈 사이로 눈물이 흐른다.

에블린이 어색한 손길로 내 무릎을 토닥거렸다. 눈을 뜰 수가 없다. 외숙모가 자리에서 일어나 내게 오는 소리가 들린다. 외숙모의 손이 내 무릎에 닿는 순간 눈을 떴다. 외숙모가 몸을 구부려 나를 보고 있다. 내 눈을 바라보는 외숙모의 얼굴에는 안쓰러워하는 빛이 역력하다.

머릿속에서 계속 맴돌고 있는 질문을 외숙모에게 던졌다.

"묵주알은 왜 항상 다른 사람을 위해서만 있는 거예요?"

나는 외숙모의 품에 안겨 펑펑 울었다.

지푸라기라도 잡고 싶은 심정이다

　수잔 외숙모의 어깨에 얼굴을 파묻고 울고 있는 내 모습이 얼마나 바보스러울지 나도 안다. 하지만 지금은 아무래도 상관없다. 이렇게 가만히 울고 있으면서 내가 방금 알게 된 사실을 이해할 시간이 필요하다.
　마음이 조금 진정되자 무슨 말이라도 해야 할 것 같은 생각이 든다. 엄마의 묵주알을 지금 당장 찾으러 가야 한다고 할 수도 있다. 이유를 불문하고, 그것이 내가 원하는 것이다. 내 안에서 그것이 왜 합당한지 여러 이유를 들어 따지고 있다.
　그때 내가 상상할 수 있는 가장 귀여운 여자아이, 밝은 갈색 머리카락에 커다란 눈망울, 귀여운 입매를 가진 아이가 마음속에 그려졌다. 온갖 줄과 튜브로 연결된 그 아이가 침대에 누워있고, 아이를 살리기 위해 호흡과 맥박을 모니터하는 기계에서 삐삐~ 소리가 난다. 침대에 누워있는 아이와 비교되는, 덩치만 크고 버르장머리 없는 열여섯 살 아이가 묵주알을 당장 내놓으라고 요구한다. 그 묵주알은 친구를 걱정하는 순진무구한 아이가 준 사랑의 선물로 그 아이의 불안함을 덜어주고 희망을 주기 위한 것이다. 어쩌면 아이에게서 빼앗을 수 없는 선물이다.

그렇지만 나는 여전히 지푸라기라도 잡고 싶은 심정이다.

나 자신에게 질문해 본다.

'월요일까지 이곳에 머물다가 그 아이의 수술이 끝난 다음에 묵주알을 되찾는다면?'

내 안에 있는 친절하고 온유한 자아가 대답한다.

'안 돼. 그 아이한테는 회복할 시간이 필요하잖아. 몇 주쯤, 어쩌면 몇 달이 걸릴 수도 있어. 그 아이가 어떤 상태인지도 모르는걸.'

내 안에 있는 유치하고 막무가내인 자아가 말한다.

'나는 내가 원하는 것을 갖고 싶어. 지금 당장!'

이번에는 좀 품위 있는 자아가 말한다.

'혹시 똑같은 묵주알을 만들어 그 아이에게 준다면?'

'안 돼, 그건 똑같을 수 없어. 너도 알잖아.'

묵주알을 찾아서

눈물이 멈추었다. 나를 안고 있던 외숙모가 계속 걱정과 사랑에 찬 눈으로 나를 보고 있다.

나는 셔츠 소매로 눈물을 닦으며 외숙모에게 살짝 웃어 보였다.

"이제 괜찮아요. 잠시 혼자 있고 싶은데 산책 좀 해도 될까요?"

목소리가 간신히 나왔다.

외숙모가 내 팔을 부드럽게 잡으며 말했다.

"물론이지."

멜라니 아줌마가 나지막하게 말했다.

"이 동네는 하나의 큰 고리처럼 생겼어. 큰 거리를 따라 걷다 보면 돌아오는 길을 쉽게 찾을 거야."

일어서서 나가려고 하는데 한나가 거실로 달려왔다. 한나의 작은 손에는 커다란 종이가 들려있다. 그 아이가 거실에서 나간 것도 몰랐다. 분명히 그림을 마저 끝내려고 나갔을 것이다. 파란 물감이 묻었던 한나의 손에는 은빛과 노란 물감도 묻어있고, 셔츠 앞쪽으로는 녹색 물감이 흘러내린 자국이 크게 있다.

한나가 바닥을 보면서 천천히 나에게 걸어오더니 아직 물감이 채 마르지 않은 종이를 내게 내밀었다. 한나가 나를 슬쩍 올려다보더니 이내 자기 발을 바라보며 중얼거렸다.

"미안해요."

나는 네 살짜리 어린 작가가 그린 그림을 유심히 들여다보았다. 파란 하늘과 밝게 빛나는 태양과 녹색 잔디밭이 있다. 그림 왼쪽에는 파란 드레스를 입은 막대 모양을 그려 놓았다. 오른쪽에는 막대 모양 세 개가 있다. 분홍치마를 입고서 손을 잡고 있는 막대 모양을 보니 소녀들인 것 같다. 큰 막대 모양은 가운데 서있고, 나머지 두 개는 양쪽에 서있다. 손을 잡지 않은 손에는 각각 원이 들려있다. 목걸이인가 보다. 구슬이 하나 달린 목걸이와 두 개 달린 목걸이가 보인다.

나는 소파에 앉아 천천히 그림을 살펴보았다. 그림 위로 눈물이 떨어졌다. '참 예쁘다'라고 속삭이고 나서 최선을 다해 한나를 보며 웃었다.

한나는 내 무릎에 기대어 막대 모양을 가리킨다.

"이건 나야. 그리고 이건 타라."

아이가 갈색 머리를 가진 첫 번째 소녀를 가리키고 나서 금발 머리를 가리켰다. 그러더니 키 큰 막대 모양을 가리키며 말한다.

"이건 언니야. 언니 머리가 무슨 색인지 몰라서 색칠을 못 했어."

한나는 내가 입고 있는 청바지와 파란 셔츠를 보더니 "치마는 미리 그렸어"라고 말한다. 내 옷이 그림과 달라 실망한 눈치다.

마지막으로 한나가 파란 드레스를 입은 막대 모양을 가리키며 자랑스럽게 말했다.

"성모님이야. 외할아버지가 목걸이를 주신 다음부터 병원에서 항상 내 옆에 계셨어."

나는 놀라 멜라니 아줌마를 쳐다보았다. 아줌마가 눈물을 글썽이며 조용히 말했다.

"우리는 가톨릭 신자가 아니란다."

멜라니 아줌마가 목을 가다듬고는 자세히 설명해 주었다.

"나도 그 이야기가 어떻게 나왔는지 몰라. 아버지가 한나에게 구슬을 주고 나서 한나가 파란 드레스를 입은 여자분에 대해 말하기 시작했어. 병원에 우리가 없을 때마다 그분과 함께 있었다는 거야. 그리고 때로는 우리가 있을 때도 그렇게 말했어. 그러다 어느 날부터 그분을 '성모님'이라고 부르기 시작했어. 우리는 도무지 무슨 영문인지 이해할 수 없었어. 아버지가 며칠 전에 그 묵주알이 어디서 났는지 말해줄 때까지…."

멜라니 아줌마는 믿을 수 없다는 듯이 고개를 가로저었다.

"사실은 아직도 이해되지 않아."

나는 한나에게 웃으며 말했다.

"언니는 이 그림이 너무 좋아."

또 눈물이 나올 것 같다. 나는 한나를 꼭 끌어안았다. 한나는 기다렸다는 듯이 내게 안기며, 내 어깨에 팔을 둘렀다.

한나에게 "고마워" 하고 말하니 한나가 고개를 끄덕이며 다시 나를 꼭 껴안는다.

한참 동안 한나는 내 무릎에 앉아 나에게 안겨있었다. 산책하려던 생각을 잠시 잊고 나는 귀엽고 사랑스러운 한나에게서 포근함을 느꼈다. 이 아이가 짧은 삶 동안에 견뎌야 했을 일을 생각하면서 내가 이렇게 가까이 있는 것 이상의 것을 해주고 싶었다.

한나가 나를 올려다보며 말했다.

"엄마가 언니 엄마가 아프다고 알려줬어."

나는 고개를 끄덕였다.

"근데, 내가 언니 엄마 구슬을 타라에게 줬어. 하지만 나한테 구슬이 두 개 남아있어. 그중 하나는 언니 엄마한테 주고 싶어."

"괜찮아 한나야. 언니도 구슬 한 개가 있는데 그걸 엄마한테 주면 돼. 두 개는 네가 갖고 있어. 또 누가 알아. 어쩌면 구슬이 필요한 아이를 만날지도 모르잖아."

한나가 안심하는 표정으로 활짝 웃었다.

"병원에 레오라는 아이가 있어. 레오가 L자로 시작하는 거 맞지?"

"응, 맞아."

내가 기특해하며 대답했다.

"내가 가지고 있는 구슬 가운데 L자가 새겨진 게 있어. 그래서 그걸 레오한테 줄 거야."

"좋은 생각이다."

한나의 계획을 인정해 주니 한나가 내 무릎에서 벌떡 일어나 나갔다. 놀러 가거나 또 다른 그림을 그리려는 것 같다.

다시 조용해졌다.

"이제 산책하고 올게요. 괜찮죠?"

멜라니 아줌마는 고개를 끄덕이고 외숙모가 대답했다.

"물론이지. 하지만 너무 오래 걷지 마."

집을 나서자 따뜻한 공기가 느껴졌다. 아직 쌀쌀한 기운이 남아있는 인디애나의 봄에서 벗어나 잠시 여유를 누릴 수 있어서 좋다. 멜라니 아줌마의 조언대로 오른쪽으로 방향을 돌려 큰 거리를 따라 걸었다. 청바지 주머니가 불룩한 것이 느껴져서 보니 묵주가 주머니에 있다. 안전한 여행길을 청하며 기도하고 나서 넣어둔 것이다. 나는 묵주를 꺼내 묵주알의 촉감을 느껴보았다. 그리고 엄지손가락으로 십자가를 만져 보고는 기도를 시작했다.

  30분쯤 지나서야 한나의 집에서 두어 집 떨어진 곳을 걷고 있다는 것을 알았다. 묵주기도를 마치고 깊은 생각에 빠져있었다. 이번에도 기도로 마음이 안정되어서 하루 동안 있었던 일을 이성적으로 생각할 수 있었다. 그리고 지난 몇 주의 일까지도….

  이제 나는 엄마의 쾌유를 위해서는 하느님께 대한 믿음이 필요하다는 것을 깨달았다. 요셉 외삼촌이 해준 말처럼 묵주알이 어떤 특별한 은총을 주는 것처럼 보이지만 사람이 치유되거나 도움받을 수 있는 유일한 방법은 아니다. 엄마는 내 기도와 믿음으로 치유될 것이다.

  어쩌면 지금까지 일어난 일을 엄마에게 이야기하면 엄마의 회복에 도움이 될지 모른다는 생각이 든다. 외할머니의 죽음이 헛되지 않다는 것과 엠마와 한나 그리고 제임스 아저씨를 위한 외할머니의 기도가 응답을 받았다는 사실을 알게 됨으로써 말이다. 또한, 우리 가족을 위해 외할머니가 드린 기도가 계속 응답받고 있다는 것을 깨닫게 될 것이다.

  길을 걸으면서, 지난 몇 주 동안 만난 사람들에 대해서도 생각했다. 그리고 그들이 내 삶 안으로 들어온 것에 대해 하느님께 감사드렸다. 이제 그들의 이야기 하나하나가 나에게 매우 소중해졌다. 한나, 엠마, 제임스 아저씨뿐 아니라 첼시, 베쓰 아줌마, 빌링스 아저씨까지도 특별하게 연결되어 있다고 느껴진다. 이 특별한 묵주알에 손길이 닿은 우리 모두의 삶이, 마치 특별한 끈으로 연결된 것 같다. 성모님의 기도와 전구 그리고 어쩌면 외할머니의 기도와 전구가 더해져서 이 묵주알을 통해 기적의 은총을 주시고, 생명을 구해주신 하느님께 감사드렸다.

내 신앙과 기도 생활에 대해서도 생각했다. 불과 5주 전만 해도, 가톨릭 학교에 다니고 일요일마다 미사를 드리면서도 나에게 하느님은 사람보다 높은 존재가 있음을 알려주는 정도의 공허한 개념에 지나지 않았다. 그러나 이제는 하느님이 내 존재의 중심이 되었고, 예수님이 내 구원자로 받아들여진다. 그리고 복되신 마리아는 그리스도와의 친교가 성장하도록 도와주는 열쇠가 되었다.

이 모든 일이 시작될 때 꾸었던 꿈이 생각난다. 그 들판, 나를 붙들던 식물, 구슬로 된 바다, 그리고 구슬 바다가 외할머니와 성모님에게로 나를 밀어주었던 일….

바다를 이루던 구슬 하나하나는 틀림없이 외할머니가 나와 가족들을 위해 드린 기도일 것이다. 그 기도가 큰 힘을 이루어, 내가 알지 못했던 천상 어머니의 발아래로 나를 데려다준 것이다.

걸음을 멈추고, 내 손에 있는 묵주를 보았다. 엄지와 검지 사이로 묵주알을 굴리며 이런 생각이 들었다.

    이 묵주알에는 특별한 힘이 있다. 하지만 그것은 요술이나 공상과학소설 같은 것이 아니다. 한 알 한 알의 힘은 온전히 기도에서 나온다. 그리고 기도는 놀라운 능력이 있다. 우리의 기도를 들어주시고 치유해 주시고 사랑하시는 하느님의 능력!

하느님은 정말 놀라운 분 같다

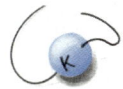

마침내 나는 눈을 들어, 내 주변에 펼쳐진 세상을 보며 웃음을 지었다. 믿음과 희망으로 새로워진 세상이다.

순간, 해가 지는 것을 보고 계획보다 멀리 왔다는 것을 깨달았다. 깊은 생각에 잠겨 한나네 집을 지나친 것도 몰랐다. 다시 반대 방향으로 발길을 돌렸다.

5분쯤 걸으니 현관 계단에 수잔 외숙모가 손에 묵주를 들고 앉아있다. 천천히 계단을 오르자 외숙모가 뭔가 묻고 싶은 듯 나에게 미소를 지었다. 내가 미소로 답하자 가벼운 한숨을 쉬고는 옆자리를 손으로 두드린다. 나는 외숙모 옆에 앉아 도로 한편에 피어있는 꽃들을 바라보며 다시 생각에 잠겼다.

"생각을 좀 해봤는데…."

외숙모가 침묵을 깨고 무릎 위에 있던 묵주를 들어 올리며 말했다.

"글쎄, 기도하다가 약간 다른 길로 샜지 뭐야. 요셉 외삼촌이 말한 마더 데레사 성녀의 묵주가 사람들에게 기적을 일으켰다는 이야기 기억나? 분명히 모든 묵주가 기적과 연관이 있는 건 아니야. 거룩한 사람이 기도한 묵주여서 그 묵주가 특별해진 것이지."

나도 동의하며 고개를 끄덕였다. 외숙모가 계속 말했다.

"외할머니의 묵주알로 특별한 일이 일어나고 있는 것도 부정할 수 없어. 마더 데레사 성녀의 묵주처럼 말이야. 그 묵주로 기도한 사람의 믿음과 기도의 힘을 보여주는 거 같아. 어쩌면 외할머니는 성모님 곁에 특별한 장소를 마련하셨는지도 몰라. 성모님과 외할머니, 두 분이 예수님의 귓가에 대고 그 묵주알을 가지고 있는 사람들을 위해 기도를 청하고 있는 모습이 상상되지 않아?"

나는 천천히 고개를 끄덕였다. 몇 주 전에 요셉 외삼촌도 비슷하게 말했다.

"너한테 묵주알이 있으니, 분명히 두 분이 너를 위해서 기도하고 계실 거야. 그리고 지금 가장 중요한 기도는 너희 엄마에 관한 것인데, 그분들은 너한테 엄마를 돕기 위한 모든 걸 주셨다는 생각이 들어. 단지 그것을 깨달을 수 있을 때까지 좀 더 시간이 필요할 뿐이야."

나는 잘 이해가 되지 않아서 의아하다는 듯 외숙모를 보았다. 외숙모가 나에게 물었다.

"엄마가 어디가 아픈지 생각해 본 적 있니?"

"우울증에 빠진 게 아닌가요?"

나는 잘 모르겠다는 듯이 대답했다.

"그런데 왜 우울증에 빠졌을까? 언제부터지?"

"외할머니가 타신 비행기가 사고가 났을 때부터요. 그리고 추모식을 한 뒤로 안 좋아졌고 묵주알에 대한 것을 알고 나서는 더 나빠졌어요.

"맞아, 외할머니가 돌아가셔서 우울해진 거야. 하지만 그 이유가 전부라면 다른 가족은 왜 우울증에 빠지지 않았을까? 물론 모두 외할머니를 그리워하지. 하지만 그들은 건강한 방법으로 슬픔을 견디고 있어. 음… 메리 엘렌 이모보다 리즈 이모가 좀 더 오래 걸린 것 같고, 그런 면에서 에블린 아빠와 요셉 신부님도 다른 형태로 외할머니의 죽음을 받아들이고 자신들의 삶을 지키고 있어. 왜 엄마만 유독 힘들어하고 앞으로 나아갈 수 없었을까?"

나는 어깨를 한번 으쓱해 보였다. 솔직히 그렇게까지 생각해 보지 않은 것 같다.

외숙모가 몸을 돌려 내 눈을 보며 말했다.

"케이트, 바로 신앙이야. 신앙! 굳센 신앙으로 어려움을 견디고 삶을 지킨 거야. 엄마 형제들은 외할머니가 훌륭하고 거룩하시다는 걸 알고 있고, 외할머니가 돌아가셨을 때, 하느님께서 외할머니를 잘 돌봐주시리라 믿었어. 그리고 외할머니의 영원한 안식을 위해 끊임없이 묵주기도를 드리고 미사를 봉헌했지. 세상을 떠난 영혼이 어디로 갔는지 알 수 없지만 결국에는 천국에서 하느님과 함께 영원한 삶을 누리리라는 믿음이 있었던 거야. 그래서 외할머니를 잃은 걸 슬퍼하면서도 외할머니의 영원한 삶을 받아들일 수 있었던 거야. 하지만 네 엄마는….'

외숙모는 시선을 돌려 먼 곳을 바라보며 적절한 말을 찾는 듯했다.

"글쎄, 적어도 외숙모가 네 엄마를 알고 지내면서는 믿음이 성장하지 않은 거 같아. 에블린 아빠는 네 엄마가 대학에 들어간 뒤로 신앙에서 멀어졌다고 기억하고 있어. 그러니까 모든 걸 견디도록 도와주시는 하느님과의 관계가 튼튼하지 못한 거 같아."

외숙모는 이 세상에서 가장 큰 의문을 풀어낸 표정으로 나를 봤지만 솔직히 잘 모르겠다.

"아… 그렇군요."

나는 조금 불안하게 대답했다.

"그렇다면 엄마의 어려움에 그런 것들이 어떤 해답을 줄 수 있을까요? 하느님과의 관계에 대한 이야기가 엄마를 도와줄 수 있을까요?"

약간 짜증 섞인 내 목소리에 외숙모가 내 무릎을 토닥거린다.

"케이트, 묵주알이 답을 줄 거야. 엄마가 묵주알 이야기를 자세히 들은 적이 있니?"

나는 고개를 저었다.

"엄마에게 들려줘야 할 거 같아. 기적의 목적은 하나가 아니란다. 기적은 치유나 보호 그 밖의 은총을 가져다주지만 믿음이 성장하도록 도와주기도 해. 그러니까 외할머니의 묵주알과 관련된 은총은 외할머니가 드린 기도가 계속 응답받고 있음을 보여주는 거야. 우리가 깨닫기만 한다면 모든 것이 은총이야."

내가 놀라서 물었다.

"그렇다면 엄마에게 묵주알에 관한 이야기를 들려주면 엄마가 좋아질 수 있을까요?"

"꼭 그렇다기보다는 그 이야기가 일종의 기적인 거 같아. 그러니까 그 사실을 아는 게 슬픔을 견디는 데 도움이 될 거야. 어쩌면 외할머니가 더 좋은 곳에 계시다는 걸 믿게 될지도 몰라. 그리고 믿음을 새롭게 하여 앞으로 겪을 일을 주님께 의탁하게 될 수도 있어."

외숙모의 말이 명확하게 와닿자 나는 비로소 고개를 끄덕였다. 묵주알 이야기가 엄마에게 어떤 도움을 줄지 생각하면서 산책 중에 묵주기도를 하며 싹텄던 희망의 씨앗이 생명을 얻고 꽃을 활짝 피우는 것 같았다. 외숙모의 말을 곰곰이 생각하면서 마침내 내 얼굴도 환해졌다.

나는 외숙모의 품에 깊이 안기며 말했다.

"외숙모는 대단해요. 제 생각에 외숙모가 뭔가 알아낸 것 같아요."

잠시 외숙모의 품 안에서 편안함과 따뜻함을 누리며, 외숙모가 엄마 같다고 생각했다.

이제 나에겐 네 명의 엄마가 있다. 그 생각을 하니 웃음이 절로 나온다. 우리 엄마는 물론이고, 내 삶에서 큰 부분을 차지한 메리 엘렌 이모와 수잔 외숙모 그리고 성모님이다. 나는 누구보다 엄마가 많다. 그리고 내가 얼마나 많은 축복을 받았는지 깨달으니 마음이 부풀어 오른다.

내가 킥킥거리며 웃는 소리에 외숙모도 웃었다.

"무엇 때문에 웃는 건데?"

내가 기분이 좋아졌다는 것에 안심하며 외숙모가 물었다.

나는 웃으며 대답했다.

"아무것도 아니에요."
나는 살짝 고개를 들어 외숙모를 올려다보며 말했다.
"하느님은 정말 놀라운 분 같아요. 그렇죠?"
"그래."
외숙모가 다시 한번 나를 꼭 안아주며 말했다.
"정말 놀라운 분이지."

새로 태어난 우리

수잔 외숙모와 함께 집 안으로 들어가니 라자니아 냄새에 침이 고인다. 거실에 저녁 식사가 준비되어 있는 것을 보니, 모두 우리가 오기를 기다리고 있었나 보다. 이제야 내가 멜라니 아줌마에게 무례했다는 생각이 들었다. 이 집에 오자마자 눈이 빠지게 울고, 저녁 식사 때가 다 되어 나갔다 왔으니 말이다.

좀 어색하지만 멜라니 아줌마에게 사과를 드렸다. 아줌마가 이해한다며 나를 다독거려 주고는 내게 아줌마의 남편을 소개해 주고 나서 모두들 식탁에 앉았다.

식사를 하면서 우리는 서로에 대해 좀 더 알게 되었는데, 한나는 벌써 글을 읽을 줄 아는 영리한 아이였다. 한나는 춤추고 노래하는 것을 좋아했다. 나보다 열두 살이나 어리나 우리는 공통점이 있다.

멜라니 아줌마는 한나가 아프기 전까지 초등학교 선생님이었는데 지금은 엄마로서 집안일을 즐긴다. 무엇보다 바로 얼마 전에 안 소식을 눈을 반짝이며 전해주는데, 11월에 한나 동생이 태어난다고 했다.

한나 아빠는 식사를 하는 동안에 거의 말을 하지 않았지만 다정다감하고 멜라니 아줌마와 한나를 많이 사랑하는 모습이 보인다.

식사를 마친 한나가 자기 아빠의 무릎에 올라가 앉는다. 그러고는 아빠의 목에 팔을 두른 다음 가슴에 머리를 기댄 채 포근히 안겨있다. 나는 한나의 가족들이 지나온 시간을 생각하면서, 생명을 위협하는 병에 대한 근심 없이 평범한 식사를 즐길 수 있게 된 것이 얼마나 감사한지를 생각했다.

우리는 잠자리에 들기 전에 해변에 나가기로 했다. 그전에 아빠에게 전화를 했다. 벨이 울리자마자 아빠가 전화를 받았다.

"안녕, 아빠."

"그래, 케이트구나. 운전해서 가는 건 어땠니?"

"좋았어요."

사실과 다르게 말한 것을 깨닫고 순간 멈칫했다.

"사실은 오래 걸리고 지루했어요."

아빠가 웃는다.

"그래, 그랬을 거야. 내일 다시 반대 방향으로 똑같이 와야 하네?"

"네, 하지만 오늘 밤에 다 함께 해변에 가기로 했어요."

내가 밝은 목소리로 말했다.

"흠… 잘됐구나. 해변에 가면 아빠에게 모래 좀 가져다주겠니?"

"그럴게요."

나는 아빠에게 물어보려던 질문에 대한 적절한 단어를 고르느라 잠시 머뭇거렸다.

"아빠?"

"응?"

"엄마가 있는 병원에 아이들 방문은 허락하지 않는데, 만일 환자…가 나아지는 데 도움이 된다면 예외가 있을까요?"

엄마를 환자로 표현하는 게 어색해서 더듬거리며 물었다.

"글쎄, 병원 안내서를 보면 가끔 예외가 있다고 하더구나. 묵주알을 찾은 거 때문에 그런 거니?"

"아니요. 그것보다 좋은 거예요."

다음 날 아침, 우리는 6시 반에 한나의 집에서 나왔다. 외숙모가 아침 7시에 미사가 있는 성당을 찾아내어 우리는 먼저 성당으로 갔다. 나는 좀 놀랐다. 우리 가족은 휴가 때 미사를 드린 적이 없기 때문이다. 물론 나는 미사 드릴 때에 입을 만한 옷도 준비해 오지 않았다. 성당에는 대부분 나이 많은 어른들이 단정한 옷차림을 하고 계셨다. 나는 무의식중에 파란 셔츠를 자꾸 아래로 잡아 내렸다. 하지만 회색 레깅스를 가려줄 만큼의 길이는 안 되었다. 옷을 미리 준비해 온 에블린은 치마를 매만지며 미안한 듯이 나를 봤다.

아침 미사라서 그런지 성가를 부르지 않았다. 미사는 비교적 빨리 끝났고 창피함은 오래가지 않았다.

미사가 끝나고 딜런 오빠는 종교 수업 과제를 하기 위해 외숙모와 함께 가서 신부님과 이야기를 나누더니 성당 사진을 찍었다. 에블린과 나는 의자에 앉아 기다렸다.

에블린이 나에게 미안한 표정을 지으며 말했다.

"미안해, 미리 말해주었어야 했는데. 우리는 어디를 가더라도 일요일에는 꼭 미사를 드려. 엄마가 성당을 찾아내거든."

"괜찮아. 우리 성당이나 아르크의 성녀 요안나 성당이나 이곳 모두 미사를 똑같이 드리네."

"나는 늘 휴가까지 와서 미사 드리는 걸 불평했는데 이제는 좋아하게 됐어. 성당마다 조금씩 다르지만 미사는 모두 똑같이 드려. 그리고 사람들이 아주 친절해."

에블린이 잠시 생각에 잠기더니 슬쩍 나를 곁눈으로 쳐다보며 조심스럽게 물었다.

"그런데 한나 친구가 엄마 묵주알을 갖게 됐는데 괜찮아?"

나는 어깨를 한번 으쓱하고 나서 묵주알을 만지작거리며 말했다.

"응, 어제 산책하고 나서 훨씬 좋아졌어. 묵주기도를 하고 나니까 마음이 평온해지고 희망이 생겼어. 그리고 외숙모와 이야기하면서 도움을 받았어. 외숙모는 엄마한테 필요한 건 묵주알이 아니라 신앙이고, 그 묵주알에 대한 이야기가 엄마의 신앙을 되찾게 해줄 거라고 말해줬어."

하지만 모든 것이 그렇게 간단할 수 있다는 것에 다시 미심쩍은 생각이 든다. 나는 입술을 깨물며 에블린에게 물었다.

"말이 되는 거 같아?"

에블린이 그 말을 확신시켜 주었으면 싶었지만, 한편으로는 말도 안 된다고 할까 봐 걱정도 됐다.

에블린은 손가락으로 머리카락을 꼬아 입술에 가져다 댄 채 생각에 빠져있다. 심사숙고하고 있다는 뜻이다. 그러고 나서 고개를 끄덕이며 말했다.

"맞아, 맞아. 이해가 돼."

에블린이 미소 지으며 나를 안아준다.

"그런데 여기까지 와서 아무것도 못 얻고 다시 먼 길을 가야 한다는 게 좀 안 좋아."

내가 말했다.

"얻은 게 하나도 없는 건 아냐. 나도 믿음이 필요했어."

그때 곁눈으로 어떤 움직임이 보여 성당으로 시선을 돌렸다. 외숙모와 딜런 오빠가 일을 마치고 우리를 향해 오고 있다. 우리는 다시 집으로 향하는 긴 여정에 올랐다.

병원 안내 데스크를 향해 걸어가는 걸음이 천근만근이다. 아빠는 절대로 엄마가 병원에 있다고 하지 않는다. 어찌 보면 건강 센터라고 부르는 것이 좋게 들리지만, 병원으로 들어가는 자동문이 열리는 순간, 먹먹해지는 마음은 미처 대비하지 못했다. 흰 벽에 단조로운 그림이 몇 점 걸려있고, 병원에서 흔히 보는 파란 플라스틱 가구가 몇 개 놓여있다. 그리고 소독약과 체액이 혼합된 특유의 냄새가 난다.

엄마가 이런 곳에 갇혀있다는 생각을 하니 몸서리가 쳐진다. 최근에 엄마와 나 사이에 많은 거리가 생겼지만 철천지 원수라 해도 이런 곳에 있는 것은 원치 않을 것이다.

안내 데스크에 있는 분은 친절했다. 아빠가 데레사 로버츠를 만나러 왔으며 주치의 선생님이 딸의 방문을 허락했다고 하자, 그녀는 미소 지으며 앉아서 기다리라고 하고서 컴퓨터를 확인했다.

인조가죽 의자가 보였으나 앉고 싶은 마음이 들지 않는다. 나는 창문 근처에서 서성거리다 창밖을 내다보았다. 이제 막 튤립 몇 송이에서 봉오리가 올라온 것이 보인다. 무슨 색으로 필지 혼자서 내기를 하고 있는데 문이 열리는 소리가 들렸다. 돌아보니 카키색 바지에 푸른 셔츠를 입은 남자분이 나오고 있다.

"로버츠 씨, 만나서 반갑습니다."

그가 아빠에게 악수를 청했다.

"네가 케이트구나."

그분은 친절한 미소와 함께 내게도 악수를 청했다.

나는 고개를 끄덕이고 나서 그의 얼굴이 아닌 이름표를 보았다. 뒤집힌 이름표에는 병원의 사명 같은 것이 작은 글씨로 적혀있었다.

"베커 의사란다. 네 엄마와 많은 시간을 함께 하고 있지. 엄마가 가능한 빨리 집으로 돌아갈 수 있도록 돕고 있단다."

선생님이 내게 설명해 주었다.

"네, 만나서 반갑습니다."

그제야 나는 내 태도에 신경을 쓰며 선생님의 눈을 올려다보며 말했다.

"케이트, 엄마한테 해주고 싶은 이야기가 있다고 아빠한테 들었는데 괜찮다면 나와 먼저 이야기를 나누었으면 좋겠구나. 엄마는 지금 잘 지내셔. 그러니까 새로운 무언가를 말하기 전에 어떤 방법으로든 엄마에게 해가 되지 않는지 확인해야 한단다. 가끔 도움이 될 거라고 생각한 것이 오히려 상처를 주는 일이 있기 때문이야. 이해할 수 있겠니?"

고개를 끄덕이고 있지만 긴장이 된다. 이렇게 멀리까지 왔는데 엄마를 보지 못하게 하려는 걸까? 묵주알에 대해 말하기 위해 엄마가 집에 돌아올 때까지 기다리고 싶지는 않다. 그런데 이 놀라운 이야기가 엄마에게 해를 끼친다고 하면 어쩌지? 그리고 절대로 말하지 말라고 한다면?

베커 선생님이 이름표를 자동문에 대자 문이 열리며 양쪽에 방이 있는 복도가 나왔다. 이번에는 조금 기분 좋게 놀랐다. 따뜻한 느낌이 나는 옅은 갈색 벽에, 그림들의 색깔도 다양하다. 거실처럼 보이는 곳을 지나가는데 게임을 하거나, 잡지를 읽거나, 텔레비전을 보는 사람들이 보인다. 편안한 소파와 이곳저곳에 놓여있는 쿠션 그리고 사람들을 보니 두려움이 어느 정도 사라진다.

베커 선생님이 우리를 사무실로 안내했다. 책상이 어질러져 있고 책꽂이에는 책들이 쌓여있다. 선반 위에는 선생님과 선생님 아내 그리고 자녀로 보이는 두 아이와 함께 찍은 사진이 놓여있다. 그리고 그 뒤에 놓여있는 책이 내 눈에 들어왔다. 성경이다! 창문 옆에 있는 벽에는 성모님 사진이 걸려있다. 어쩌면 아군을 만난 걸까?

베커 선생님이 의자에 앉아 팔을 책상 위로 하고 몸을 앞으로 기울였다. 그리고 손뼉을 한 번 치더니 말했다.

"케이트, 무슨 이야기인지 말해보렴."

나는 숨을 깊이 들이마시고 나서 이야기를 시작했다.

20분쯤 지났을 때 베커 선생님은 의자 깊숙이 앉아 머리 뒤로 두 손을 깍지 끼운 채, 천장을 한참 바라보았다. 생각에 빠진 듯하다. 잠시 뒤에 선생님이 나를 온화한 표정으로 보았다. 선생님을 보면서 모든 것이 끝난 것 같은 두려움을 느꼈다.

"케이트, 여기까지 온 걸 보니 참 용감하구나. 엄마는 지금 조심해야 한단다. 하지만 상태는 점점 나아지고 있어. 특히 지난주에는 많이 좋아졌어. 자세한 걸 말해줄 수는 없지만 한 가지는 말해줄 수 있단다. 어쩌면 엄마는 네 이야기를 듣고 나면 처음 이곳에 온 상태로 되돌아갈 수도 있어. 사실 나는 지난 몇 달 동안, 너희 엄마가 묵주알에 대한 걸 알게 되면서 상태가 악화되었다고 생각한단다. 그것이 엄마를 이곳에 오도록 한 거야."

선생님의 한마디 한마디가 내 희망을 관에 넣고 못질하는 것 같았다. 눈물이 차오르기 시작한다. 선생님이 계속 말을 하자 아빠가 내 손을 잡는다. 눈물 때문에 선생님의 얼굴이 뿌옇게 보인다.

"케이트, 엄마가 모든 걸 다 아시는 거 같지는 않더구나. 네가 묵주알을 발견하고 나서 다른 묵주알 몇 개를 더 발견했다는 것과 네가 여전히 그것을 찾으려고 한다는 것만 알고 있어. 묵주알과 관련해서 일어난 놀라운 사실은 모른단다."

선생님이 의자의 팔걸이에 기대어 몸을 앞으로 기울였다.

"글쎄, 네 외숙모의 제안도 좋은 거 같아. 네 엄마의 신앙에 관련된 것과 외할머니가 더 좋은 곳에 계시다는 걸 받아들이는 것 말이야."

나는 크게 한숨을 내쉴 때까지 숨을 멈추고 있다는 사실을 깨닫지 못하고 있었다.

"그럼 엄마를 만날 수 있는 건가요?"

"글쎄다."

베커 선생님이 천천히 말했다.

"엄마가 어떻게 반응할지 나도 모른단다. 그러니 모든 가능성을 열어둘 필요가 있을 거야. 가장 좋은 건 엄마 편에서 네가 도와주려 한다는 걸 느끼고, 네 이야기를 듣고 나서 받아들이려고 노력하는 거야. 어쩌면 그것이 엄마가 회복되도록 도와줄지도 몰라. 하지만 즉각적인 반응이 있는 건 아니야. 몇 달, 아니 몇 년이 걸릴 수도 있어."

내가 말했다.

"그렇다면 그렇게 나쁘게 들리지는 않아요."

베커 선생님이 조심스럽게 말했다.

"회복될 가능성만 있는 건 아니야. 최악의 경우에 엄마가 이 모든 상황과 관련해서 자신의 감정과 영영 화해하지 못할 수도 있어. 네 이야기를 듣고 나서 더 화가 날 수 있다는 거지. 그러면 우울증이 더 심해질 거고 대화가 불가능할 거야."

베커 선생님이 아빠를 바라보며 말했다.

"로버츠 씨, 이것이 당신 아내에게 부정적인 영향을 줄 수 있다는 걸 아시는 게 중요합니다. 그리고 따님한테도요. 만일 데레사 씨가 부정적인 쪽으로 반응하면, 따님한테는 감정적으로 몹시 힘든 일이 될 수 있어요. 당신 아내의 치료사로서 이 방법이 도움이 되길 바라며 시도해 보겠습니다."

이틀 뒤, 나는 결국 건강 센터의 작은 회의실에 다시 왔다. 그 방의 유일한 가구인 작은 탁자를 앞에 두고 아빠와 나란히 앉았다. 아빠는 손가락으로 탁자를 두드리고 있고,

나는 의자 끝에 불안하게 걸터앉아 벽 위에 걸려있는, 꽃이 그려진 액자를 보고 있다. 의자 두 개는 엄마와 베커 선생님을 기다리고 있다.

아빠는 이틀 동안 내가 엄마를 만나지 않도록 나를 설득하는 한편, 어떤 결과가 나오더라도 내가 받아들일 준비가 되어있는지 확인했다. 나는 잃을 것이 많지 않다는 결론을 내렸다. 나는 이 일과 관련해 아주 많이 기도했다. 그리고 이것이 내가 해야 할 일이라는 느낌이 들었다.

문이 열린다. 긴장이 된다. 탁자를 두드리는 아빠의 손가락도 멈췄다. 엄마를 마지막으로 본 지 2주가 지났다. 또 나에 대한 엄마의 사랑이 식은 지는 몇 달이 지났다. 어떤 일이 벌어질지, 내가 어떻게 해야 할지 갈피를 잡을 수가 없었다.

아빠가 일어나 엄마를 안고 입을 맞추는데도 나는 의자에 앉아 엄마가 어떻게 반응하는지 살폈다. 엄마가 아빠를 적극적으로 받아들이고 있다. 엄마가 나에게 다가왔다. 나는 일어나서 엉거주춤하게 엄마를 안았다. 엄마가 나를 놓지 않으려는 것이 느껴지자 엄마를 꼭 껴안았다. 엄마의 애정 표현에 고마운 마음이 들면서 오랜만에 엄마 품의 온기와 편안함에 잠겨있었다.

엄마가 내 옆에 있는 의자에 앉았다. 베커 선생님도 의자에 앉아 기대에 찬 눈으로 엄마를 보았다.

엄마가 목소리를 가다듬고 입을 열었다.

"케이트, 엄마가 이곳에 오고 나서 너한테 용서를 청해야 한다는 걸 깨달았어. 그동안 너한테 좋은 엄마가 되어주지 못해서 미안해. 엄마는 다만…."

엄마의 핑계나 설명이 듣고 싶은 것은 아니다. 나는 손을 들어 엄마의 말을 막았다. "엄마, 괜찮아. 나, 괜찮아."

진심이 아니다.

"내가 여기에 온 건…."

적당한 말을 찾으려다 불쑥 말이 튀어나왔다.

"외할머니가 보내서 왔어."

엄마가 몸을 홱 돌렸다. 몹시 놀란 표정이다. 그리고 문을 닫아버린 것처럼 다시 어떤 감정도 나타내지 않는다. 아빠가 옆에서 헛기침을 했다. 갑작스러운 내 표현에 놀란 것 같다. 선생님이 도와줄 준비를 하면서 몸을 앞으로 기울이는 것을 보고 내가 얼른 말했다.

"정말 외할머니가 보냈어."

나는 베커 선생님과 아빠를 도전적으로 바라보며 말했다.

"엄마가 내 말을 막기 전에 처음부터 말할게."

나는 숨을 깊이 들이마시고 나서 이야기를 시작했다. 지금까지 이 이야기를 수없이 한 것 같다. 외할머니의 추모식이 있던 날, 묵주알을 발견하고, 첼시와 엠마를 만나고, 엠마의 차 사고와 그녀가 기적적으로 살아난 이야기, 한나의 놀라운 치유, 베쓰 아줌마와 제임스 아저씨에 대한 이야기, 제임스 아저씨가 마약중독을 극복하도록 해준 환시, 플로리다에 가서 한나에게서 묵주알을 되찾으려 했던 일들….

엄마는 믿을 수 없다는 듯, 전혀 관심이 없다는 듯, 의자 깊숙이 앉아 팔짱을 끼고 있다. 그래도 나는 계속 기도하며 말을 이어갔다. 잠시 말을 멈출 때마다 '성모님, 외할머니, 도와주세요' 하고 기도했다. 두 분 없이는 이 이야기를 마칠 수 없다는 것을 알기 때문이다.

나는 엄마의 무관심한 표정을 무시하려고 애를 쓰며, 내 말을 듣길 원하는 사람에게 이야기하듯 말했다.

"엄마가 한나라는 아이를 봤어야 했는데…. 정말 귀여운 아이야. 이제 그 아이는 아주 건강해졌어. 엄마가 그 아이를 본다면 아팠던 아이라고 생각할 수 없을 거야. 그리고 한나는 병원에서 엄마 아빠가 없을 때마다 어떤 분과 함께 있었다고 했어."

나는 몸을 앞으로 기울이며 말했다.

"엄마, 한나는 그분을 '성모님'이라고 말해."

내가 한 말을 엄마가 이해하도록 잠시 기다렸다가 말을 이어갔다.

"그런데 그 아이는 가톨릭 신자가 아니야."

 엄마의 턱이 굳어졌다. 엄마는 급히 나에게서 시선을 떼더니 꽃 그림 액자를 계속 노려본다. 내 결심이 흔들리기 시작했다. 말을 계속해야 할까? 별로 효과가 없는 것 같다. 엄마가 나를 안아주었을 때 느낀 온기마저 모두 잃어버린 것 같다. 다시 처음으로 되돌아가는 것 같다. 나는 기도를 짧게 하고 나서 다시 말을 시작했다.
 "우리가 플로리다까지 간 이유는 엄마의 묵주알을 되찾기 위해서야. 나는 어쩌면 그것이 엄마를 도와줄지도 모른다고 생각했어."
 엄마가 아랫입술을 깨문다. 무언가를 말할지도 모른다는 생각에 잠시 기다렸지만, 엄마는 아무 말도 하지 않았다. 나는 다시 말을 이어갔다.
 "그런데 한나가 엄마의 묵주알을 병원에 있는 자기 친구 타라한테 줬어. 타라가 지난 월요일에 수술을 했거든. 한나는 그 묵주알이 친구를 도와줄 거라고 생각한 거야."
 그다음 나는 너무도 놀라운 최근 소식을 전하기 위해 적절한 말을 찾으려 했다. 말 그대로 기적적인, 믿기 어려운 그 이야기를 생각하니 다시 심장이 뛰었다. 그런데 이야기를 하려면 내가 알지 못하는 많은 의학용어가 있어서 도움을 청하는 간절한 눈빛으로 아빠를 보았다.

내 사인을 알아차린 아빠는 엄마의 관심을 끌기 위해 몸을 탁자에 기울이며 말했다. 꽃 그림을 바라보던 엄마가 결국 아빠를 쳐다보았다.

"한나 엄마가 어제 소식을 듣자마자 우리에게 전화했어. 타라는 뇌종양 제거 수술을 해야 했는데 수술을 받기 전에 한 모든 검사에서 종양이 뇌줄기를 둘러싸고 있는 게 보였대. 의사들도 그것을 제거할 수 있을지 확신이 없어서 종양의 일부를 제거하고 나서, 나머지는 방사선 치료를 할 수 있기를 바랄 뿐이었대. 심지어 그 아이가 수술조차 할 수 없는 가능성도 컸기 때문에…."

아빠가 헛기침을 하고 나서 말을 이었다.

"당신도 내가 이런 것을 믿을 사람이 아니라는 걸 잘 알잖아. 하지만…."

아빠는 나와 의사 선생님을 번갈아 보고 나서 다시 엄마를 보았다.

"정말 놀라운 일이 일어났어. 그저 우연이라고 할 수 없을 거 같아. 그들이 수술을 진행하고 보니, 종양이 줄어서 거의 남지 않았대. 그래서 남은 종양을 모두 제거할 수 있었다는 거야. 의사들도 몹시 놀랐는데 이건 설명이 불가능하다는 거야. 의사들도 기적이라고 말한대. 어린 타라는 어떤지 알아? 타라가 깨어나더니 자기 손을 잡아주고 감싸준 파란 옷을 입은 분을 찾더래."

벽에서 째깍거리는 시계 소리만 들린다. 엄마는 아빠의 눈길을 피해 무릎 위에 꽉 쥔 두 손만 보고 있다. 눈물 한 방울이 엄마의 손에 떨어졌다.

내가 조용히 말했다.

"엄마, 이런 일이 일어난 건 외할머니가 그 묵주로 수많은 기도를 했기 때문이야. 당황스럽겠지만 나는 외할머니의 기도가 이렇게 기적으로 응답받았다고 생각해. 하지만 거기엔 또 다른 이유가 있는 거 같아. 내 생각에는 외할머니가 엄마를 위해 기도하고 계시면서 당신이 잘 계신다는 걸, 더 좋은 곳에 계신다는 걸, 엄마가 알기를 바라는 거 같아."

내 말이 진부하게 들리지 않길 바라며 단숨에 말했다.

"외할머니는 엄마가 지금까지 일어난 일을 믿기를 바랄 거야."

말을 마치고 내가 의자 깊숙이 앉자 또다시 침묵이 흐른다.

엄마에게서 무슨 말이라도 나오기를 기다렸으나 아무 말도 하지 않는다. 엄마는 의자를 뒤로 밀고 일어나 방문을 열고 조용히 나갔다.

사흘이 흘렀다. 아주 길게 느껴진다. 엄마에게 가지 말 걸, 엄마에게 아무 말도 하지 말 걸, 그렇게 자책하면서 하루하루가 지났다. 내 이야기가 엄마에게 전혀 도움이 되지 않았다. 아니, 오히려 더 악화시키기만 한 것 같다. 내가 진짜 엄마를 되찾을 수 있는 날이 올까?

내일은 부활절이다. 지난 목요일에는 메리 엘렌 이모가 나와 그웬을 데리고 가서 부활절 선물로 새 옷과 새 신발을 사줬다.

가족 모임은 에블린네 집에서 있을 예정이나 갈 기분이 아니다.

리즈 이모가 마을에 와있다. 에블린과 나는 아침을 먹으면서 이모에게 묵주알을 드렸다. 이모는 눈물을 흘리며 우리를 안아준 다음, 그동안에 있었던 모든 기적 이야기를 에블린에게 들었다. 나는 가끔씩 살짝 웃어 보이기만 하고 아무 말도 덧붙이지 않았다. 리즈 이모가 기뻐하는 모습을 보는 건 좋았지만, 한편으로 그 이야기를 믿지 못하던 엄마에 대해 화가 나기도 했다. 정오쯤이 되어, 나는 점심 식사로 땅콩버터와 잼을 바른 샌드위치를 께적거리며 먹었다.

전화벨이 울렸다. 그웬이 전화를 받더니 아래층을 향해 큰 소리로 나를 불렀다.

"언니, 전화 받아!"

"여보세요?"

"안녕, 케이트. 메리 엘렌 이모야. 방금 너희 엄마를 만나고 왔는데, 엄마가 너를 보고 싶어 해. 오늘 오후에 너를 데리고 올 수 있냐고 했어. 의사 선생님은 허락하셨어."

가슴이 뛰기 시작하고 갑자기 손에서 땀이 난다.

"왜 저를 찾아요?"

나는 좋은 소식을 기대하다가 실망할 것 같아 다시 물었다.

"이유는 말하지 않았어. 오늘은 엄마가 많이 좋아 보였어. 눈빛도 반짝였단다. 오랫동안 보지 못한 모습이었지. 그리고 미소도 지었어. 정말 웃어 보였다고. 그리고 너와 폴 그리고 그웬이 어떻게 지내는지 물었어. 내 생각에는 네가 한 말이 도움이 된 거 같아. 틀림없이 그럴 거야."

이모가 잠시 말을 멈추고 내게 물었다.

"지금 데리러 가도 되겠니?"

나는 눈으로는 티셔츠와 바지를, 손으로는 사흘이나 감지 않은 머리를 매만졌다. 이모가 말한 새로운 모습을 보인 엄마에게 잘 보이고 싶어서 그런 것은 절대 아니다.

그런데 만일 엄마가 정말로 좋아졌다면? 그리고 정말 나를 보고 싶어서 그런 거라면?

"언제쯤 올 수 있어요?"

"10분 뒤면 도착!"

전화를 끊자마자 엄마가 좋아할 옷으로 갈아입기 위해 위층으로 후다닥 올라갔다. 옷장에서 파란 치마와 하얀 셔츠를 골랐다. 구겨지지 않았는지 이리저리 살펴보고 나서 급히 옷을 갈아입었다. 이를 닦으면서 엉킨 머리카락을 빗어 내리는데 부엌에서 이모 목소리가 들렸다.

"케이트, 준비됐니?"

마지막 빗질을 하고 나서 급히 계단을 내려가 숨을 헐떡거리며 이모 앞에 섰다. 그리고 서재에 있는 아빠에게 가서 엄마에게 간다고 하니 아빠가 놀란 표정을 짓는다. 아빠를 뒤로하고 나는 급히 달려 나갔다.

한 가지 잊은 것이 있다. 나는 다시 내 방으로 달려 올라갔다. 한나가 준 그림을 가져가야 한다. 나는 그림을 가방에 잘 넣었다.

드디어 이모와 함께 건강 센터로 향했다.

친절한 분이 전에 아빠와 내가 엄마를 만났던 방으로 우리를 안내했다. 이번에는 엄마와 베커 선생님이 먼저 와서 기다리고 있었다.

"케이트, 네가 와줘서 너무 좋구나."

엄마가 일어서서 나를 안고 안심한 듯 말했다. 엄마가 나를 안은 느낌이 불확실해서 또다시 손에서 땀이 났다. 이 만남이 어디로 향할지 불안하다.

엄마는 의자에 깊숙이 앉아 내가 앉기를 기다렸다가 입을 열었다.

"케이트, 지난번에 네가 이곳에 왔을 때 내가 미안하다고 말한 건 진심이야. 정말 미안하구나. 최근까지 너한테 보인 내 태도에 대해서는 핑계의 여지가 없다는 걸 알아. 하지만 엄마가 왜 그랬는지 이해해 주면 좋겠어. 물론 엄마가 잘못했고 변명의 여지가 없다는 건 알지만…."

엄마는 물 한 모금을 마시더니 숨을 깊이 들이마시고 나서 이야기를 다시 시작했다.

"네 외할머니가 돌아가시고 나서 엄마한테 일어난 일을 어떻게 표현해야 할지 모르겠어. 나는 외할머니를 정말 사랑했어. 하지만 외할머니가 돌아가시기 전 10년 동안 엄마는 그리 좋은 딸이 아니었지. 엄마는 네 외할아버지가 돌아가셨을 때 너무나 침착해 보이던 외할머니한테 화가 났어. 물론, 외할머니는 외할아버지를 몹시 그리워했지. 하지만 외할머니는 늘 조용히 미소 지으며 외할아버지에게 더는 고통이 없다는 게 기쁘다고 하셨어. 나중에 외할아버지가 천국에서 맞아줄 거라고 믿으면서 말이야. 엄마는 그 말이 바보같이 들렸어. 엄마는 외할아버지가 다시 돌아와 주길 간절히 바라는 심정이었거든. 그런데 외할아버지가 암으로 고통스러워하면서 계속 살기를 바라는 건 이기적인 생각이라는 말을 외할머니한테서 들었을 때 몹시 화가 났어. 그래서 나는 외할머니가 세상을 떠나기 전인 2년 동안 화가 난 상태로 지냈지. 외할머니는 날마다 기도만 하면서, 신앙으로 모든 걸 포장하려는 것 같았어. 외할아버지가 아플 때나 돌아가셨을 때도, 자신이 견딜 수 있는 건 예수님 때문이고, 무슨 일이 일어나도 예수님이 견딜 힘을 주실 거라고 말했지. 엄마는 그런 말을 이해할 수 없었을 뿐 아니라 점점 더 화가 났어. 외할머니와 내가 아무 상관이 없는 사람이길 진심으로 바랐어. 외할머니에게 화가 나는 걸 극복하고 싶어서, 외할머니가 여행을 떠나기 전날, 함께 점심을 먹자고 했어. 그런데 외할머니는 그럴 수 없다고 하는 거야. 묵주기도 모임에서 누군가를 위해 기도한 다음 함께 점심을 먹기로 했다면서. 엄마는 또 상처를 받고, 외할머니한테 화가 많이 났어. 그따위 바보 같은 기도를 하려고 그 많은 시간을 낭비하냐며 화를 냈지. 그리고 외할머니가 했던 그 많은 기도가 외할아버지한테 전혀 도움이 되지 않았던 것처럼, 그 사람한테도 도움이 안 될 거라고 했어. 할 일 없는 노인네들이 브런치나 먹으려고 만나면서 뭔가 대단한 걸 하는 줄 안다고 하면서 모두 시간 낭비일 뿐이라고 했어."

눈을 감는 엄마의 얼굴에 고통스러운 빛이 스쳐갔다.

"그런데 다음 날, 비행기 추락 사고가 나고, 다시는 외할머니를 볼 수 없게 된 거야. '엄마, 시간 낭비일 뿐이야. 그 시간에 다른 걸 하면 모든 것이 달라질 텐데…. 그 말도 안 되는 묵주기도를 몇 시간씩 하다니, 엄마는 왜 그렇게 어리석어.' 이게 외할머니에게 한 엄마의 마지막 말이었어."

물컵을 바라보던 엄마가 내 눈을 똑바로 바라보며 말한다.

"'엄마는 왜 그렇게 어리석어'라는 말을 엄마가 정말 외할머니에게 한 거야."

엄마가 고개를 저으며 다시 물컵을 내려다본다.

"너를 보면 항상 네 외할머니가 생각났어. 네 입이 외할머니와 똑같아. 목소리도 비슷해서 가끔 네 목소리를 들으면 순간적으로 착각할 정도야."

엄마가 다시 나를 본다.

"그래서 지난해에 너한테 그렇게 거리를 둔 거야. 참을 수가 없어서. 너는 외할머니를 생각나게 하니까. 엄마가 외할머니에게 모질게 한 일을 생각하면 견딜 수 없었어. 그리고 네가 있는 것 자체가 엄마한테는 심판처럼 느껴졌어. 그리고 네가 그 '묵주알'을 찾고…."

엄마는 고개를 흔들며 구석을 바라보았다.

"묵주알이 결정적이었어. 그것이 모든 걸 되돌려 놓은 거야. 엄마는 그것을 감당할 수 없었어. 그저 네가 묵주알 찾는 일을 그만두기를 바랐어. 묵주알을 묻어버리고 잊어버리길 바랐어. 하지만 너는 찾아다니기까지 했지."

엄마가 쓴웃음을 지었다.

"너는 묵주알을 계속 찾으러 다녔지."

"이곳에도 십자고상이 있는데 처음에는 그것도 참을 수가 없었어. 마치 예수님이 나를 내려다보면서, 네 외할머니와 너한테 잔인하게 구는 못된 인간이라고 말하고 있는 거 같았어. 그런데 네가 수요일에 이곳에 왔을 때부터 조금씩 달라지기 시작했어. 갑자기 엄마가 학교에서 배웠던 게 생각났어. '아버지, 저들을 용서하여 주십시오. 저들은 무슨 일을 하고 있는지 모릅니다.' 십자가 위에서 하신 예수님의 말씀이 나를 따라다니는 거야. 그리고 예수님이 나를 용서하셨다는 걸 깨달았고, 나도 나 자신을 용서하길 바라신다는 걸 알았어. 네가 들려준 이야기를 생각하면서, 외할머니도 엄마를 용서하셨고 엄마가 행복하길 바란다는 것도 깨달았어."

엄마의 눈에서 뜨거운 눈물이 흐른다. 그리고 내 눈에서도…. 엄마는 계속 말을 이었다.

"엄마가 신앙생활을 한 건 너도 알지? 엄마는 예수님을 믿었어. 하지만 더 나아가는 것은 원치 않았어. 내 삶이나 방식이 예수님으로 인해 바뀌는 걸 원치 않은 거야. 그것이 외할머니에 대해 그렇게 못마땅한 이유였거든. 외할머니는 존재의 모든 게 예수님에 대한 거였어. 엄마는 이해할 수 없었고, 아직도 엄마가 이해한 건지는 잘 모르겠어. 하지만 지금은 알 거 같아. 그리고 네가 옳다는 것도 알아. 이제 외할머니가 더 좋은 곳에 있다는 걸 알았어. 그리고 계속 기도하고 계시는 거 같아. 기도가 필요한 사람들을 위해 기도하고, 엄마가 제자리로 돌아가도록 부드럽게 앞으로 밀어주면서 기도하고 있는 거 같아. 살아계실 때 엄마에게 보여주려고 했던 걸 믿을 수 있도록…."

엄마가 몸을 앞으로 기울이며 탁자 위에 있는 내 손을 잡았다.

"케이트, 고맙다."

그리고 손에 힘을 주며 말했다.

"놀라운 일들과 기적을 말해줘서 고마워. 한결 나아졌고 희망이 생겼어. 외할머니의 죽음을 받아들일 수 있을 거 같아. 그리고 외할아버지의 죽음도. 외할아버지가 돌아가실 때 외할머니가 하신 말이 모두 옳다는 걸 알았어. 외할머니가 저 위에서 이 모든 일을 지휘하는 모습을 생각하면서 웃어야겠지?"

엄마가 나를 바라보며 살짝 미소 짓자, 나는 자리에서 일어나 엄마에게 가서 폭 안겼다. 잠시 뒤, 나는 엄마의 무릎 위에 앉아있었다. 엄마 무릎에 앉기엔 내가 너무 커버렸지만 그래도 엄마와 나는 아주 자연스럽게 서로 끌어안고, 울고, 웃으며 새로 태어난 서로를 축하했다.

한참 뒤 엄마와 나는 방에서 나왔다. 베커 선생님이 간호사에게 우리와 함께 다니도록 요청했다. 엄마와 나는 손을 잡고 대기실을 향해 걸어갔다. 자동문에 다가섰을 때, 가방에 있던 한나의 그림이 생각났다. 나는 그것을 꺼내 엄마에게 보였다.

"플로리다에 사는 한나가 그려준 그림이야. 한나와 한나 친구인 타라와 나 그리고 성모님을 그린 거야. 엄마 방에 걸어놓으면 좋을 거 같아서 가져왔어."

나는 목에 걸려있는 묵주알 목걸이를 빼서 엄마에게 내밀며 말했다.

"엄마가 이걸 갖고 있으면 좋겠어. 최소한 집에 돌아올 때까지."

묵주알을 두 손에 받아 든 엄마가 웃었다. 엄마의 눈에 또다시 눈물이 그렁그렁하다. 내가 엄마를 안아드리자, 엄마가 내게 속삭였다.

"고맙다, 내 딸. 고마워."

대기실 문을 향해 막 돌아서려는데 옆에 있던 간호사가 입을 크게 벌린 채 우리를 쳐다보고 있다.

"저거… 어디에서 났어요?"

간호사가 묵주알을 가리키며 물었다.

"우리 외할머니 거예요."

놀란 눈으로 나를 바라보며 그녀가 더듬거리며 말했다.

"내… 내 조카딸이 그거… 그거랑 똑같은 걸 발견했어요. 글쎄… 무슨 일이 있었는지… 믿지 못할 거예요…."

질문과 토론

1. 케이트가 처음 묵주알을 발견했을 때, 가족 가운데 누구에게도 묵주알에 대해 말하지 않은 이유는 무엇이라고 생각하나요?

2. 케이트는 다른 지역에 사는 첼시와 엠마를 만나기 위해 부모님 몰래 외사촌 에블린과 작전을 세웁니다. 만일 처음부터 부모님께 모든 사실을 말씀드렸다면 이야기가 어떻게 달라졌을까요?

3. 이 책에 나오는 인물들을 보면 신앙이 깊은 사람, 신앙이 깊지 않은 사람, 신앙이 없는 사람이 있습니다. 이에 비추어 보았을 때 나와 내 가족의 신앙은 어떠한가요?

4. 이야기가 전개됨에 따라 하느님에 대한 케이트의 신앙이 어떻게 변화되었나요? 또 묵주알로 일어난 사건들이 케이트 아빠의 믿음에 어떤 영향을 주었다고 생각하나요?

5. 케이트는 묵주기도를 하기 전에는 묵주기도가 어리석은 일이며 시간을 낭비하는 일이라고 생각했습니다. 그렇다면

나는 묵주기도에 대해 어떻게 생각하나요? 이 책을 읽으면서 다시 생각하게 된 점이 있다면 무엇인가요?

6. 케이트는 강력한 기도의 응답을 체험했으나 자기가 원하거나 기대한 것과는 달랐습니다. 혹시 전혀 예상하지 못한 방법으로 기도의 응답을 받은 적이 있나요? 그렇다면 그 응답에서 무엇을 깨달았나요?

7. 케이트 외할머니의 죽음으로 인해 케이트의 가족은 큰 상실의 아픔을 겪습니다. 누구보다 케이트의 엄마가 가장 힘들어했는데 케이트의 엄마를 도울 수 있는 방법으로 무엇이 있을까요? 그리고 케이트의 가족이 어떤 방법으로 어려움을 극복해 나갈 수 있을까요?

8. 케이트의 외할머니는 어떻게 주변 사람들에게 신앙적으로 좋은 영향을 주었나요? 그리고 나는 사람들의 어떤 모습에 영향을 받아 하느님께 더 가까이 가나요?